Mobile 3

Sachunterricht Nordrhein-Westfalen

Herausgeber
Richard Meier

Autoren
Wolfgang Burg
Richard Meier
Michael Tornette
Winfried Walter

unter Mitarbeit von
Edith Burghardt
Bernd Krawutschke
Jürgen Walkstein

Das findet ihr in diesem Buch

Wohnort und Umgebung

Seite 4–15

Versorgung/Entsorgung

Seite 16–31

Mensch und Natur

Seite 32–45

Wasser

Seite 46–57

Das Wetter

Seite 58–67

Körper und Gesundheit

Seite 68–75

Geburt und Aufwachsen

Seite 76 – 85

Information und Unterhaltung

Seite 86 – 97

Früher und heute

Seite 98 – 107

Menschen sind Erfinder

Seite 108 – 115

Mit dem Fahrrad unterwegs

Seite 116 – 119

Inhaltsverzeichnis

Seite 120 / 121

Wohnort und Umgebung

Simon: „Um 7 Uhr weckt mich meine Mutter. Ich bin noch sehr verschlafen. Zum Frühstück gibt es Orangensaft und Honigbrötchen. Um 7.30 Uhr verlasse ich die Wohnung. Ich gehe die Tannenstraße entlang in Richtung Paulskirche. An der Kreuzung Bachstraße muss ich hellwach sein!
Hier fahren Autos, Busse und Straßenbahnen. Sie bringen die Menschen zu ihren Arbeitsplätzen. Vor der Ampel treffe ich meinen Freund Achmed. Wir warten auf Grün und gehen den weiteren Weg gemeinsam."

Karin: „Ich stehe jeden Morgen gemeinsam
mit meinen Eltern um 6 Uhr auf.
Nach dem Frühstück helfe ich noch im Stall.
Meine Mutter arbeitet in der Milchküche,
mein Vater setzt die Melkmaschinen an.
Die Euter der Tiere sind prall mit Milch gefüllt.
Ich gebe den Kühen frisches Heu und Trockenfutter.
Die vier Kälbchen bekommen einen Eimer Milch.
Um 7.30 Uhr muss ich los zur Schulbushaltestelle.
Bei Eis oder Schnee gehe ich etwas eher.
Im Bus treffe ich Jörg und Britta,
die Kinder vom Schneiderhof."

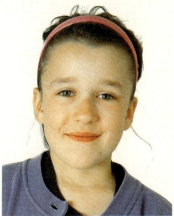

Sicher zur Schule

Die Kinder einer dritten Klasse erzählen:
„Wir haben in diesem Jahr einen neuen Schulwegplan bekommen. Darauf können wir für uns einen sicheren Schulweg suchen.
An manchen Stellen müssen wir besonders gut aufpassen.

Hier am Stresemannplatz ist der Verkehr stark. Deshalb kann man die Straße nur an den Fußgängerampeln überqueren. Die Fußgänger müssen besonders auf die Straßenbahnen achten! Sie haben Vorfahrt und können nicht ausweichen.

Schülerlotse

An dieser Stelle treffen sechs Straßen aufeinander. Die Straßenbahnlinien kreuzen sich. Mehrere Buslinien haben hier Haltestellen. Wie gut, dass es für Fußgänger Ampeln gibt. Aber auch wenn die Ampel Grün zeigt, müssen die Fußgänger auf die Fahrzeuge achten."

Schulwegplan

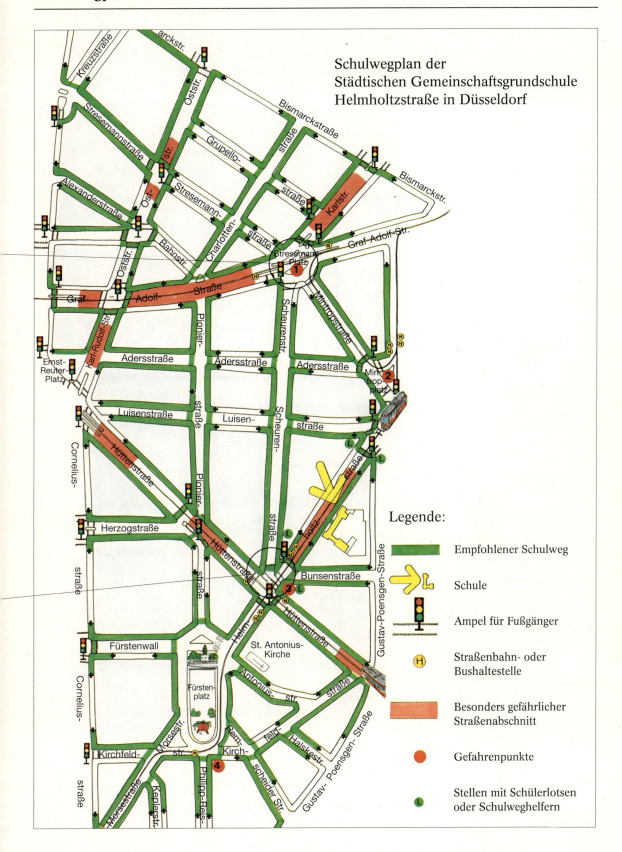

Pläne und Maßstäbe

Die Kinder der Klasse 3b und ihre Lehrerin überlegen,
wie sie ihren Klassenraum schöner gestalten können.
Ihre Vorschläge schreiben sie an die Tafel.

Ob der Platz im Klassenraum ausreicht?
Die Kinder wollen einen Plan erstellen.
Sie messen ihren Klassenraum genau aus.
Er ist neun Meter lang und sieben Meter breit.
So ein großes Papier gibt es nicht.
Wenn nur der Raum nicht so groß wäre.

Antonio hat eine Idee:
„Wir zeichnen für jeden Meter,
den wir auf dem Fußboden messen,
einen Zentimeter in unser Heft.
Dann ist das Blatt groß genug und die Zeichnung
wird wie der Klassenraum, nur kleiner."

○ Stuhl

▢ Tisch

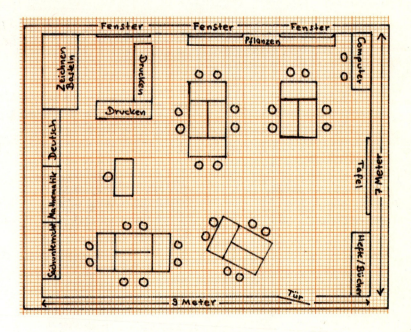

Mit Lineal und Bleistift legen die Kinder
nach den Angaben der Skizze eine Zeichnung
in ihrem Heft an.
Jeder Zentimeter auf dem Rechenblatt entspricht genau
einem Meter auf dem Fußboden im Klassenzimmer.
Damit sie die Umrechnung nicht vergessen,
zeichnen sie den Maßstab gleich dazu.

Maßstäbe finden sich auf allen Landkarten und Stadtplänen.

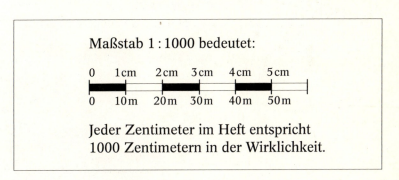

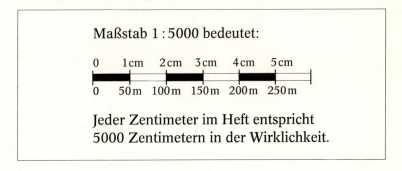

Unsere Schule als Modell

Ihr könnt eure Schule als Modell nachbauen.
Mit einem 25-Meter-Bandmaß messt ihr die Länge
und die Breite der Gebäude und des Schulhofes.
Dann rechnet ihr die Ergebnisse im Maßstab 1:100 um.
100 Zentimeter in der Wirklichkeit entsprechen
einem Zentimeter im Modell.

Aus kleinen Kartons und Schachteln könnt ihr die Gebäude basteln.
Aus Pappe und Papier entstehen Bäume.
Die Gebäude und die Bäume werden auf ein großes Stück Pappe gestellt.
Achtet dabei genau auf die richtigen Abstände.
Spielfiguren stellen die Menschen
auf dem Schulhof dar.

Modellbau

Vom Modell zum Plan

Wenn euch das Basteln
Spaß gemacht hat, könnt ihr
sogar eine ganze Stadt bauen.

Als erstes malt ihr die Straßen
und die Wege
auf eine große Grundplatte.
Dann bastelt ihr Häuser
und stellt Bäume auf.

Das Modell einer Stadt
ist fertig.

Nach diesem Modell könnt ihr einen Plan erstellen.
Zeichnet Umrisse um die Häuser, die Bäume und die Plätze.
Entfernt die Häuser vom Modell.
Anschließend malt ihr die Flächen der Gebäude rot aus.
Die Straßen und die Wege werden grau und die Schule braun.
Die Bäume, die Sträucher und die Wiesen werden grün.

 Wege, Straßen

 Wohngebiet

 Grünanlage

 Schule

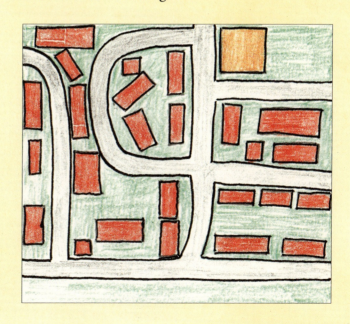

Vom Luftbild zur Karte

„In den Herbstferien war ich zu Besuch bei meiner Tante in Münster. Wir haben viel gemeinsam unternommen. Es hat Spaß gemacht, denn meine Tante kennt sich gut in ihrer Stadt und der Umgebung aus. Für meinen letzten Ferientag hatte sie eine besondere Überraschung: Wir durften in einem Heißluftballon mitfahren! Von oben sah alles viel kleiner und ganz anders aus. Das war ein tolles Erlebnis!"

Wasserschloss Nordkirchen (Münsterland)

Schloss Nordkirchen von schräg oben

Wie entsteht eine Karte?

Es gibt die Möglichkeit, ein Gebiet mit Messgeräten zu vermessen. Ihr habt diese Frauen und Männer sicher schon bei ihrer Arbeit beobachtet.
Aber es gibt noch eine andere Möglichkeit.
Dabei überfliegt man eine Stadt oder ein Gebiet mit einem Flugzeug.
Eine Spezialkamera fotografiert die gewünschten Stellen.
Nach diesen Fotos zeichnen anschließend Kartographen und Kartographinnen genaue Karten oder Pläne.

Kartograph:
Der Kartograph zeichnet oder bearbeitet eine Landkarte.

Das Foto ist ein Ausschnitt von einem Luftbild.

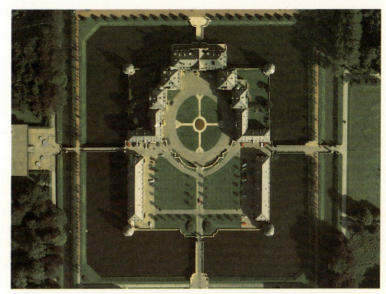

Senkrechtaufnahme vom Wasserschloss Nordkirchen

Die Karte ist im gleichen Maßstab danach gezeichnet.

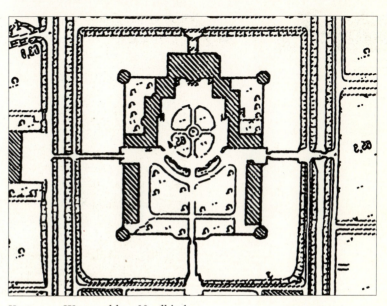

Karte vom Wasserschloss Nordkirchen

Die Himmelsrichtungen

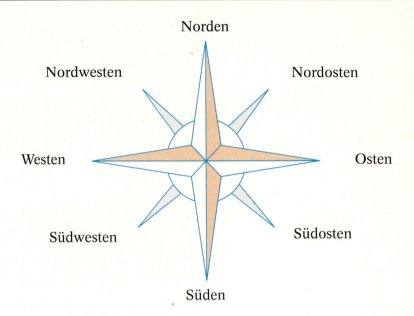

Wenn die Sonne scheint, kann man
die Himmelsrichtungen gut bestimmen.
Die Haupthimmelsrichtungen heißen
Norden, Süden, Westen und Osten. Sie reichen
aber oft zur Bestimmung der Richtung nicht aus.
Deshalb gibt es die Nebenhimmelsrichtungen
Nordosten, Nordwesten, Südosten und Südwesten.
Sie werden alle auf einer Windrose dargestellt.
Pläne und Landkarten sind so gezeichnet,
dass Norden oben ist. Süden ist unten.
Dann ist Westen links und Osten rechts auf den Karten.

6 Uhr   10 Uhr   12 Uhr

Wenn die Sonne nicht scheint,
brauchst du einen Kompass
um die Himmelsrichtungen zu bestimmen.
Die Kompassnadel ist magnetisch.
Auch die Erde ist ein riesiger Magnet.
Deshalb zeigt die Spitze der Kompassnadel
immer nach Norden.

Lege den Kompass flach auf den Boden.
Die Kompassnadel muss hin und her pendeln können.
Warte ab, bis sie still steht.

16 Uhr   19 Uhr   24 Uhr

Versorgung/Entsorgung

Ein spannendes Abenteuer erzählt von Robinson, einem englischen Matrosen.
Sein Schiff geriet in Seenot und zerschellte an einem Riff. Robinson konnte sich auf eine unbewohnte Insel retten. Viele Kisten aus dem zerstörten Schiff wurden an den Strand der Insel geschwemmt. Darin fand Robinson Hammer, Schaufel, Säge, Schrauben, Nägel, Seile, Draht, ein Gewehr und Patronen.
Sogar ein paar Lebensmittel und Kleidung fand er darin.

Robinsons einsame Insel

Viele Jahre lebte Robinson auf der einsamen Insel.
Längst waren die Vorräte aufgebraucht,
die ihm vom Schiff geblieben waren.

Robinson hatte vieles auf der Insel verändert.
So konnte er dort lange überleben.
Mit jeder Veränderung machte er sein Leben angenehmer.
Eines Tages kam zufällig ein Schiff an der Insel vorbei.
Robinson wurde gerettet.

Wir werden versorgt

In Städten und Dörfern arbeiten zahlreiche Menschen, die uns versorgen. Vieles, was wir für unser Leben brauchen, kommt durch Rohre und Leitungen in unser Haus.

Wasserleitung

Abwasserrohre

Trinkwasserversorgung

Alter Wasserturm

Niederschläge fallen als Regen, Schnee oder Hagel
auf die Erde. Das Wasser sickert in den Boden.
Auf den Erdschichten, die kein Wasser durchsickern lassen,
sammelt sich Grundwasser an.
Ein Teil davon sprudelt als Quelle wieder an die Oberfläche.
In Bächen und Flüssen fließt es bis zum Meer.

An einigen Stellen werden Talsperren gebaut.
Dort wird Wasser auch als Trinkwasservorrat gestaut.
Trinkwasser kann man aber auch aus Brunnen gewinnen,
die bis in das Grundwasser hinabreichen.
Talsperren und Brunnen liegen in Trinkwasserschutzgebieten.

Wasserschutzgebiet

Im Trinkwasserschutzgebiet dürfen keine Tankwagen fahren, die gefährliche Stoffe geladen haben.
Das Trinkwasser wird im Wasserwerk gereinigt.
Sandschichten und Kies filtern Schmutzteilchen aus.
Auch Stoffe wie Eisen oder Schwefel werden entfernt.
Dadurch schmeckt das Wasser besser.
Mit Chlor tötet man Bakterien ab.
Chemiker überprüfen regelmäßig das Trinkwasser.
Es wird in großen Behältern gesammelt.
Aus hoch gelegenen Wasserbehältern und
mit Hilfe von Pumpen fließt unser Trinkwasser
durch Rohrleitungen in alle Häuser.

Müll vermeiden

Jeden Tag bringen wir unsere Abfälle zur Mülltonne.
Nicht alles, was täglich weggeworfen wird, ist Müll.
Vieles kann wieder verwendet werden.
Dazu müssen wir es getrennt sammeln.

Vermeide Müll:
- Verwende Einkaufstaschen statt Plastiktüten.
- Pfandflaschen sind besser als Einwegflaschen.
- Es gibt Batterien zum Wiederaufladen! Sie heißen Akkus.
- Viele Verpackungen von Waren sind überflüssig. Achte beim Einkauf darauf!

Müll entsorgen

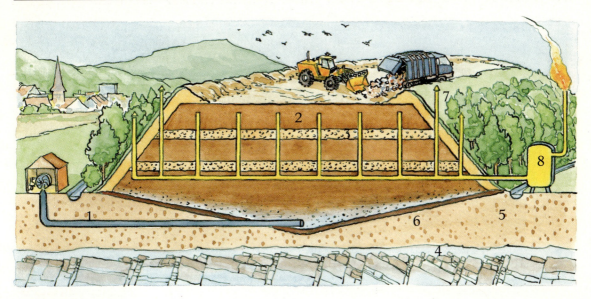

1 Sickerwasserleitung
2 verdichteter Abfall
3 Zwischenabdeckung
4 Grundwasser
5 wasserundurchlässige Schicht
6 Abdichtung
7 Gasbrunnen
8 Gasabfackelzug

Abfall, den wir nicht mehr verwerten können,
nennen wir Müll.
Er wird von der Müllabfuhr auf eine Deponie gebracht.
Eine Deponie muss einen wasserdichten Boden haben.
Er soll verhindern, dass Gifte aus dem Müll
in unser Trinkwasser gelangen können.

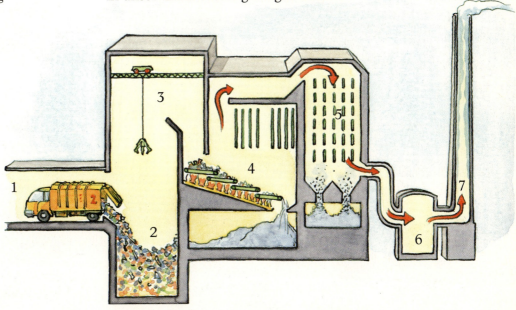

1 Entladehalle
2 Müll
3 Müllkran
4 Feuerungsanlage
5 Elektrofilter
6 Rauchgaswäscher
7 Kamin

Ein Teil des Mülls wird in einer Müllverbrennungsanlage
verbrannt. Dabei entstehen gefährliche Abgase.
Filter halten einen großen Teil dieser Abgase zurück.
Der Müll ist auch jetzt noch nicht ganz verschwunden.
Asche und Schlacke bleiben übrig.

Einrichtungen in Städten und Gemeinden

Zahlreiche Menschen arbeiten in öffentlichen Einrichtungen. Sie kümmern sich um vieles, was unser Leben sicherer und angenehmer macht. Auch für Sport, Freizeit und Unterhaltung gibt es öffentliche Einrichtungen.

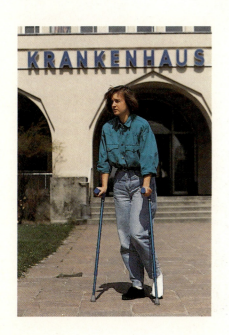

In einem Dorf

Familie Walter wohnt in einem Dorf.
Vieles kann die Familie nur in der Stadt erledigen.

In einer Stadt

Wochenmarkt und Supermarkt

Früher hatten die Handwerker in den großen Städten ihr eigenes Viertel.
Alle Metzger boten in der Metzgergasse ihre Waren an.
Die Tuchmacher rollten einer neben dem anderen ihre Stoffballen aus.

In den kleineren Städten fand einmal in der Woche ein Markt statt. Bauern brachten Früchte, Gemüse und Tiere zum Markt.
Der Töpfer stapelte seine Töpfe und Krüge vorsichtig auf Stroh. Der Schuster nahm das Maß, wenn jemand neue Schuhe bestellte.
Zu großen Festen wie Kirchweih gab es einen großen Markt. Musikanten spielten auf, Gaukler zeigten ihre Künste. Der Bader verkaufte Kräuter, Salben und Wundermittel. Manchmal zog er auch Zähne.

Später gingen die Menschen zum Kaufmann.
Er hatte viele Waren in Säcken, Schubläden und Gläsern.
Für jeden Kunden wurden die Waren abgewogen, in Tüten verpackt oder in Papier gewickelt.

Lebensmittelgeschäft im Jahr 1951

Solche „Tante-Emma-Läden" gibt es auch heute noch.
Diese Geschäfte haben es schwer, neben den großen Supermärkten und Kaufhäusern zu bestehen.

Die meisten Kunden kaufen heute im Supermarkt.
Lebensmittel, Früchte, Gemüse, Tiefkühlkost,
Frischfleisch, Milchprodukte und vieles mehr
sind in den Regalen und Kühltruhen zu finden.
An der Decke zeigen Schilder die verschiedenen
Warengruppen an. Zwischen den Regalen
stehen Sonderangebote auf Tischen und Körben.

Waren aus Holland, Frankreich, aus der Schweiz,
aus Deutschland und vielen anderen Ländern
werden angeboten.

Einige Kaufhäuser bieten in ihren Lebensmittel-
abteilungen die Waren wie auf dem Markt
in Einzelständen an.

Wegweiser erleichtern
den Einkauf.

Heute kaufen einige Kunden mehr, als sie
eigentlich brauchen.
Werbung und Sonderangebote verleiten sie dazu.

Sandra schreibt einen Brief

Sandra schreibt ihrer Freundin zum Geburtstag einen Brief.
Sie hat den Briefumschlag richtig beschriftet und
die Briefmarke an die vorgesehene Stelle geklebt.
Damit der Brief rechtzeitig ankommt,
bringt sie ihn gleich zum nächsten Briefkasten.

Mitarbeiter und Mitarbeiterinnen der Post entleeren
den Briefkasten in einen Postsack.
Die Leerungszeiten des Briefkastens sind
auf dem Briefkasten angegeben. Briefkästen
mit einem roten Punkt werden auch sonntags geleert.

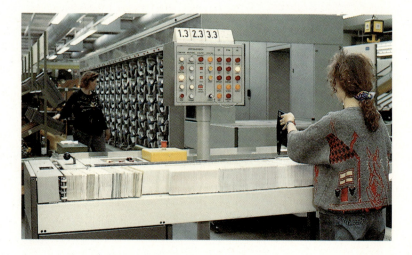

Im Postamt werden alle Briefe auf ein Laufband geschüttet.
Die Aufstellmaschine richtet die Briefe so auf,
dass die Briefmarke oben rechts steht.
Dadurch kann der Stempel sie treffen.
Die Maschine stempelt 1000 Briefe in einer Minute.

In Postsäcken werden die Briefe nun
zu den Bestimmungsorten transportiert.
Dazu nutzt die Post Lastwagen, Züge,
Flugzeuge und Schiffe.

Am Bestimmungsort sortieren Zusteller
und Zustellerinnen die Postsendungen
nach Postleitzahlen und Straßen.
Briefe, Päckchen und Zeitungen packen sie
in ihre Taschen und Wagen.

Wenn es schnell geht,
kann Sandras Freundin Lena
den Brief schon am nächsten Tag lesen.

Menschen verändern die Landschaft

Seit Jahrtausenden verändern wir Menschen die Natur
um ihre Reichtümer zu nutzen.
Wir halten und züchten Tiere.
Sie geben uns Wolle, Milch, Eier und Fleisch.
Den Boden nutzen wir um Getreide, Gemüse
und Obst anzubauen.
Wir fällen Bäume um das Holz zu nutzen.
Wir roden Wälder um Verkehrswege zu schaffen.
Wir bauen Kohle ab, die wir verbrennen.
So erzeugen wir Wärme und Strom.
In Bergwerken graben wir nach Erz
um daraus Metall zu gewinnen.
Wir sind auf die Natur angewiesen.
Es ist unsere Aufgabe, sie zu schützen.

Der Wald

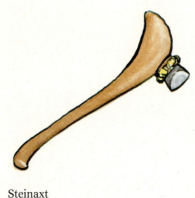
Steinaxt

Früher war das Gebiet des heutigen Deutschland
fast völlig von Wäldern bedeckt.
Die ersten Menschen, die dort lebten,
suchten im Wald Nahrung und jagten Tiere.
In Tausenden von Jahren lernten sie
immer bessere Werkzeuge herzustellen.
Die Schneiden der Steinäxte waren sehr scharf.
Damit konnten die Menschen Bäume fällen.
Es entstanden Lichtungen, auf denen sie Hütten bauten.
In der Nähe ihrer Siedlungen legten sie Weiden
und Äcker an.
Heute finden wir nur noch in Naturschutzgebieten
natürlich gewachsene Wälder.
In diese Wälder greift der Mensch nicht ein,
deshalb sind sie den früheren Urwäldern ähnlich.

Motorsäge

100 Jahre brauchte diese Buche um so groß zu werden.
In 15 Minuten wird sie von einem Waldarbeiter gefällt.

Wälder dienen heute den Menschen zur Erholung.
Sie sind Lebensraum vieler Tierarten.
Rehe und Hirsche fressen gern die zarten Triebe
der jungen Bäume. Deshalb schützen Zäune
die Nachpflanzungen (Schonungen).

Wälder werden von Fachleuten angelegt.
Sie setzen die jungen Pflanzen und pflegen sie.
Ein Teil der jungen Bäume wird später gerodet,
damit die anderen zu hohen und geraden Bäumen
heranwachsen können. Der Förster lässt kranke
und vom Sturm geknickte Bäume entfernen.
Aus dem Holz der gefällten Bäume entstehen Bretter,
Möbel, Musikinstrumente, Papier und vieles mehr.

In Nadelwäldern stehen die Bäume dicht beisammen.
Auf dem Erdboden wachsen nur wenig Pflanzen.
Laubbäume stehen nicht so dicht, hier fällt mehr Licht ein.
Deshalb gibt es in Laubwäldern mehr Pflanzenarten.

Viele Wälder sind „krank". Abgase von Autos, Fabriken
und Hausheizungen schädigen die Bäume.
Wir Menschen können und müssen noch viel tun
um die Bäume vor der Luftverschmutzung zu schützen.

Leben im Wald

Pflanzen:

1 Fichten
2 Weidenröschen
3 Habichtskraut
4 Kleiner Odermennig
5 Bärenklau
6 Eiche
7 Brombeere
8 Vergissmeinnicht
9 Walderdbeere

Tiere:

a Reh
b Hummel
c Hirschkäfer
d Fuchs
e Eichelhäher
f Ameisennest
g Buchfink
h Buntspecht
i Eichhörnchen
k Waldkauz
l Wildschwein
m Kleiner Fuchs
n Waldmaus
o Kreuzspinne
p Blindschleiche

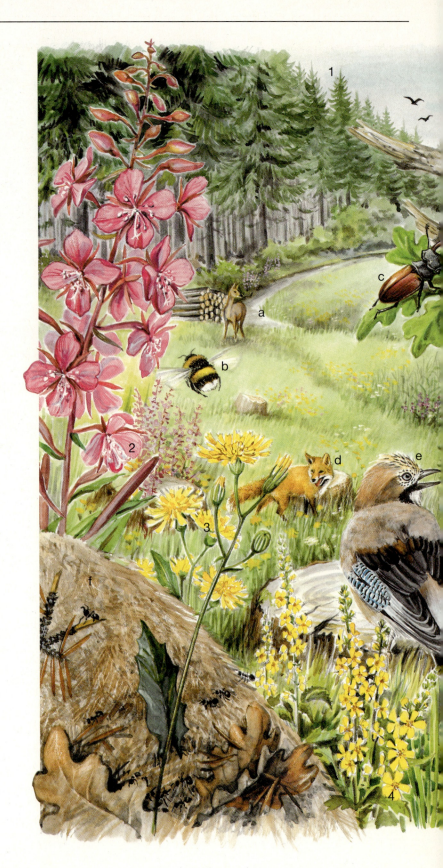

Frösche und Kröten

Frühling

Sommer

Ein Jahr im Leben eines Grasfrosches:
An einem warmen Tag im Frühling erwacht der Grasfrosch
aus seiner Winterstarre. Das Froschweibchen legt
seinen Laich in einem Tümpel ab.
Der Laich von einem Frosch besteht aus etwa
4000 winzigen Eiern! Daraus schlüpfen die Kaulquappen,
die zunächst wie kleine Fische aussehen.
Nach einiger Zeit wird ihr Schwanz kürzer
und ihre Beine beginnen zu wachsen.
Aus der Kaulquappe wird ein kleiner Frosch.
Im Herbst suchen die Frösche ihre Plätze
für den Winter auf und bleiben dort bis zum Frühling.

Frösche und Kröten sind bei uns vom Aussterben bedroht
und stehen deshalb unter Naturschutz.
Es ist verboten, sie zu fangen.

Auch Kröten halten in der kalten Jahreszeit
ihren Winterschlaf.
Dabei verkriechen sie sich
in die Erde und unter Laub.
Wenn es im Frühjahr
wärmer wird,
erwachen die Kröten.
Dann wandern sie
zu den Tümpeln,
in denen sie geboren sind.
An diesen
Laichplätzen legen
die Weibchen ihre Eier ab.

Erdkröte

Krötenwanderung

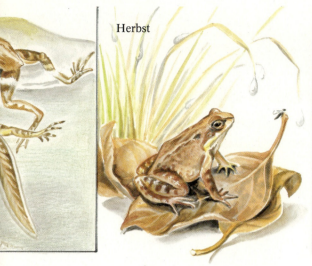
Herbst

Winter

Auf ihrer Wanderung müssen die Kröten
oft Straßen überqueren.
Viele werden dabei von Autos überfahren.
Um das zu verhindern sind jedes Jahr
freiwillige Helferinnen und Helfer unterwegs.
Auch Kinder helfen bei den Rettungsaktionen.

Die Helfer stellen tagsüber am Straßenrand Zäune auf.
Dahinter graben sie Löcher, in die sie Eimer stellen.
Die Kröten fallen hinein und werden hinübergetragen.
Dort sind sie sicher und können weiterwandern.

Leben am Bach – Leben im Bach

Wie eine Schlange windet sich dieser Bach
durch Wiesen und Felder.
An diesem gesunden Bach leben viele Pflanzen und Tiere.
Einige Pflanzen sind selten geworden.
Zu ihnen gehören die Sumpfdotterblume
und die Schwertlilie. Auch einige Tiere sieht man dort nur
noch selten, wie zum Beispiel den Eisvogel und die
Kleinlibelle. Zum Leben brauchen sie
sauberes Wasser und natürliche Ufer.
Dort, wo Abwässer ungereinigt in den Bach fließen,
droht den Tieren und Pflanzen Gefahr.

Schwertlilie   Sumpfdotterblume   Kleinlibelle und ihre Larve

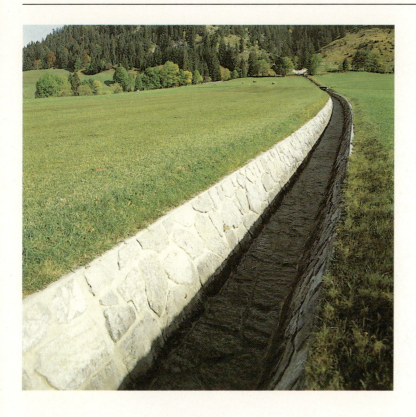

Viele Bäche sind heute begradigt.
Ihr Bachbett ist betoniert und oft in Röhren eingesperrt.
Dort können nur wenige Tierarten und Pflanzen leben.
Im Schlamm lebt der Bachröhrenwurm.
An ruhigen Stellen wachsen Algen und Entengrütze.
Sie alle zeigen an, dass das Wasser verschmutzt ist.

Wenn ein Bach sprudelnd über Steine fließt, kann er sich leichter selbst reinigen. Deshalb werden an einigen Stellen künstliche Treppenstufen in das Bachbett gegraben. Kläranlagen verhindern, dass Abwässer ungereinigt in den Bach fließen.

Eisvogel

Alge

Bachröhrenwürmer

Entengrütze

Schlammschnecke

Frühling

MÄRZ
21
Frühlingsanfang

Im Frühling werden die Tage länger und es wird wärmer.
Die Pflanzen können mit ihren Wurzeln wieder Wasser
und Nahrung aus dem Boden holen.
Sie treiben aus den Winterknospen grüne Blätter
und Blüten. Besonders früh blühen Zwiebelpflanzen.
Wer später im Garten ernten will, muss ihn jetzt bearbeiten.
Die Vögel bauen Nester und ziehen ihre Jungen auf.
Manche Tiere, die Winterschlaf gehalten haben,
bevölkern wieder den Garten.

Sommer

Die Frühlingsblumen sind verblüht.
Sommerblumen zeigen ihre prächtigen Blüten.
An Sträuchern und Bäumen wachsen Früchte heran.
Die ersten Beeren und Kräuter können schon
geerntet werden.

Jungvögel machen ihre Flugversuche.
Im Garten leben Käfer und Schmetterlinge.
Die Grillen und die Heuschrecken zirpen.

Herbst

SEPTEMBER 23
Herbstanfang

Wenn die Sommerblumen verblüht sind,
blühen die Herbstblumen mit prächtigen Farben.
Obst und Gemüse werden geerntet.
Das Laub färbt sich bunt und die Blätter fallen ab.

Die Zugvögel brechen nach Süden auf.
Der Igel und andere Winterschläfer fressen sich
eine Fettschicht an. Mäuse und Eichhörnchen
legen Vorräte für den Winter an.

Winter

Im Winter tragen die Laubbäume keine Blätter.
Nur ihre Winterknospen sind zu sehen.
Einige Nadelbäume und Sträucher sind immer grün.

Viele Tiere finden im Winter kaum Nahrung,
besonders, wenn der Boden mit Schnee bedeckt ist.
Die Vögel sollten nur in dieser Zeit gefüttert werden.
An den Fußspuren im Schnee kann man ablesen,
welche Tiere durch den Garten gelaufen sind.

Wasser

Leben ist auf unserer Erde nur mit Wasser möglich.
Wir Menschen brauchen und nutzen Wasser.
Wir müssen sorgfältig mit Wasser umgehen,
denn wir können ohne Wasser nicht leben.

 Tiere und Pflanzen leben im Wasser.

 Tiere und Pflanzen brauchen Wasser.

 Wir Menschen brauchen Wasser.

 Wir kochen unsere Speisen mit Wasser.

 Wir benutzen Wasser zum Waschen.

 Fabriken brauchen Wasser.

 Wasser kann Feuer löschen.

 Wasser trägt Lasten.

 Wasser hat Kraft.

 Wasser macht Spaß!

Leben am und im Wasser

Pflanzen:

1 Schilf
2 Rohrkolben
3 Wasserschwertlilie
4 Kopfweide
5 Knäuelbinse
6 Schwarzerle
7 Wasserhahnenfuß
8 Gelbe Teichrose
9 Weiße Seerose
10 Pfeilkraut
11 Rauhes Hornblatt
12 Krauses Laichkraut
13 Sumpfdotterblume
14 Wasserpest

Tiere:

a Libelle
b Stockente
c Stechmücke
d Teichfrosch
e Wasserläufer
f Wasserskorpion
g Kaulquappe
h Blutegel
i Gelbrandkäfer
k Bergmolch
l Rückenschwimmer
m Strudelwurm
n Stichling
o Posthornschnecke

Kübelteiche

Nicht überall kann man einen Teich anlegen.
Viele Schulhöfe sind asphaltiert oder mit Steinen ausgelegt.
Deshalb sind sie für Teiche nicht geeignet.
Trotzdem gibt es eine Möglichkeit, im Wasser lebende Tiere
und Pflanzen zu beobachten: Ihr könnt einen Kübelteich anlegen.
Ein Kübelteich braucht wenig Platz und ist einfach herzustellen.

Das braucht ihr dazu:
- einen oder mehrere große wasserdichte Plastikkübel, Holzbottiche oder andere große Behälter,
- Lehm, Erde, Sand, Kies, Steine,
- Wasser und Wasserpflanzen.

Es ist interessant, wenn ihr verschiedene Teiche anlegt.
Ihr könnt dann beobachten,
wie unterschiedlich sie sich entwickeln.

Vorschlag 1:
- Stellt den Kübel in eine ruhige, sonnige Ecke.
- Bedeckt den Boden mit Sand.
- Legt Steine auf den Sandboden.

Vorschlag 2:
- Füllt zwei Kübel mit Leitungswasser und gießt in den zweiten Kübel einen Eimer Teichwasser hinzu.

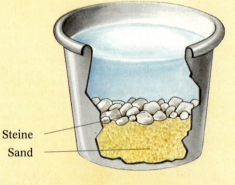

Vorschlag 3:
Wenn ihr in den Kübel Wasserpflanzen einpflanzen wollt,
müsst ihr ihn so auffüllen:

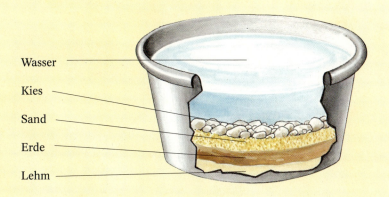

Wasser
Kies
Sand
Erde
Lehm

In die Erde könnt ihr Pflanzen einsetzen,
die im Wasser leben. Geeignet sind:
Wasserpest, Laichkraut, Hornkraut und Seerosen.

Schon nach wenigen Wochen werden die Kübelteiche
Gäste bekommen.
Zuerst werden es Vögel sein, die von dem Wasser trinken.
Vielleicht siedeln sich Libellen, Wasserläufer,
Eintagsfliegen, Gelbrandkäfer und andere Kleintiere
in euren Teichen an.

Wasser kann sich verwandeln

Wasser ist fest.	Wenn die Temperatur unter Null Grad fällt, sagen wir, „es friert". Das Wasser wird fest, es erstarrt zu Eis. Es fällt als Schnee oder Hagel zur Erde. Die Gletscher im Gebirge bestehen aus Eis. Der Nordpol und der Südpol sind mit Eis bedeckt.
Wasser ist flüssig.	Meistens fällt Wasser als Regen auf die Erde. Dort versickert es. Es dringt in die feinsten Spalten im Gestein ein. In Bächen und Flüssen fließt Wasser Berge und Hügel hinab, bis es das Meer erreicht.
Wasser ist gasförmig.	An warmen Tagen steigt Wasserdampf von Meeren, Teichen und Flüssen auf. Man sagt, „es verdunstet". Das Wasser ist gasförmig. Auch Pflanzen geben Wasser an die Luft ab. Ein Laubbaum verdunstet an einem Tag bis zu 20 000 Liter Wasser. Das ist so viel wie 2000 volle Wassereimer. An einem Sommertag schweben in einem Zimmer vier bis fünf Liter Wasser unsichtbar in der Luft. Das Wasser wird sichtbar, wenn ein Glas mit eiskaltem Wasser auf einen Tisch gestellt wird. Das Glas beschlägt, das heißt, an der Außenseite entstehen kleine Wassertropfen. Man sagt, „das Wasser kondensiert".

Wasser hat viele Eigenschaften

Wasser steht
immer waagerecht.

Wasser kann klettern.

Wasser lässt sich
gut mischen.

Salz, Zucker und andere Stoffe lösen sich in Wasser auf.
Dann verändern sich Geschmack, Geruch und Farbe
des Wassers. Probiert es selbst einmal aus!

Die Zentralheizung

Früher stand in jedem Zimmer, das man erwärmen wollte, ein Ofen. Dieser Ofen wurde mit Holz und Kohle beheizt. Vor etwa dreißig Jahren hat man begonnen in den Zimmeröfen auch Heizöl zu verbrennen. Deshalb roch es etwas nach Öl.

In den meisten Häusern ist heute eine Zentralheizung eingebaut. Man nennt sie so, weil durch einen einzigen Heizkessel im Keller alle Zimmer im Haus erwärmt werden. Wasser spielt in der Zentralheizung eine wichtige Rolle. Es transportiert die Wärme aus dem Heizkessel in alle Zimmer.

1 Umlaufpumpe
2 Steigleitung
3 Brennkammer
4 Kamin

So arbeitet eine Zentralheizung:
Durch einen Brenner wird Heizöl oder Erdgas verbrannt. Die Flammen erwärmen das Wasser in einem eigenen Kessel. Das warme Wasser steigt im Kessel nach oben und fließt in eine Steigleitung.
Eine Pumpe pumpt das warme Wasser durch Rohre zu allen Heizkörpern im Haus.

Unterwegs würde sich das warme Wasser rasch abkühlen. Deshalb sind die Rohre mit Isoliermaterial umhüllt. Es schützt die Leitungsrohre wie ein dicker Wintermantel.

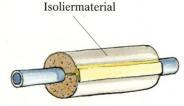

Isoliermaterial

Heizungsrohr

Vor jedem Heizkörper ist ein Ventil
in das Warmwasserrohr eingebaut.
An diesem Ventil kann man die gewünschte Temperatur
einstellen. Wenn das Zimmer soweit erwärmt ist,
schließt das Ventil automatisch den Zulauf.
Soll ein Zimmer nicht geheizt werden,
wird das Ventil zugedreht.

Heizungsventil

1 Kamin
2 Entlüftung
3 Heizkörper
4 Steigleitung
5 Fallleitung
6 Umlaufpumpe
7 Heizkessel

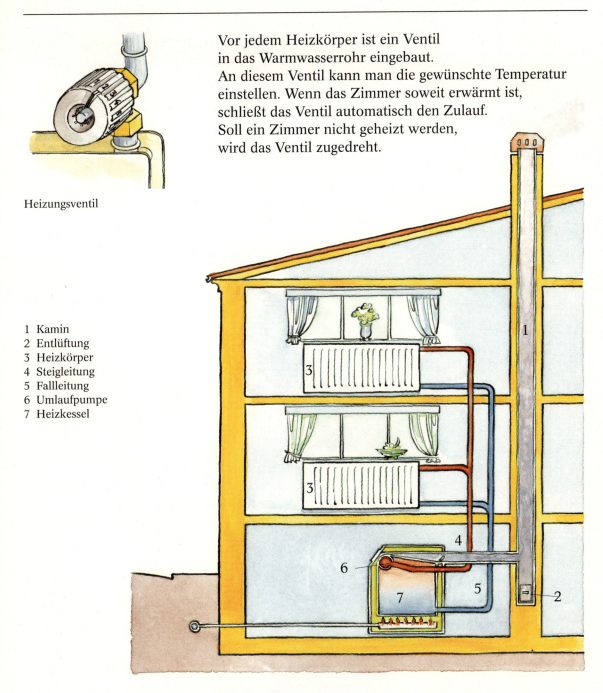

Die Heizkörper haben eine sehr große Fläche aus Metall.
Sie geben deshalb die Wärme schnell an die Luft
im Zimmer weiter. Es wird schön warm.
Das Wasser kühlt sich dabei ab und fließt
durch die Fallleitung wieder zurück in den Keller
und in den Heizkessel.
Dort wird es wieder erwärmt und beginnt seine Reise
durch die Rohre und die Heizkörper von neuem.

Versuche mit Wasser

**Versuch 1:
Wasser trägt**

Ihr braucht:

eine Waage,
ein Glas mit Wasser,
ein Gewicht
oder einen Stein,
Bindfaden

Binde das Gewicht oder
den Stein mit einem Bindfaden
an die Waage.
Miss das Gewicht.

Lass das Gewicht
oder den Stein
in einem Glas Wasser hängen
und miss noch einmal.

**Versuch 2:
Wasserdruck**

Ihr braucht:

ein Plastikgefäß,
Wasser,
eine große Schüssel
oder eine Wanne

Bohre in das Plastikgefäß mit einem Nagel
in gleichen Abständen drei Löcher.
Stelle das Gefäß in die Schüssel
und decke die Löcher mit den Fingern ab.

Nimm die Finger weg,
wenn das Gefäß
mit Wasser gefüllt ist.

Versuch 3:
Wasser klettert

Ihr braucht:

ein Glas mit Wasser,
eine Topfpflanze,
einen Wollfaden

Stelle die Topfpflanze höher als das Wasserglas.

Stecke das eine Ende des Wollfadens in das Wasserglas und das andere Ende in die Blumentopferde.

Versuch 4:
Wasserleitung

Ihr braucht:

zwei Flaschen,
einen Plastikschlauch,
Wasser

Stelle zwei Flaschen nebeneinander.
Fülle eine Flasche mit Wasser.
Stecke einen Plastikschlauch in die gefüllte Flasche.
Sauge Wasser in den Schlauch, bis er voll ist.
Drücke den Schlauch zu.
Stecke das Schlauchende in die leere Flasche.
Stelle die Flaschen abwechselnd höher und tiefer.

Das Wetter

„Ich soll aufschreiben, warum es regnet", sagt Anne
und klappt ihr Heft ratlos auf und zu.
„Dazu sind Wolken nötig", meint die Mutter.
„Sie bringen den Regen mit."
„Und woher kommen die Wolken?" fragt Anne.
„Der Wind treibt sie zu uns."
„Nein", sagt Anne, „ich meine, wie entstehen sie?"
„Sie entstehen durch Verdunstung.
Wasser kann verdunsten und in die Luft steigen."
Anne schreibt auf: Wolken – Wind – Verdunstung.
„Und weiter?" fragt sie ihre Mutter.
„Was heißt weiter? Ich denke, du sollst
über die Wolken schreiben, nicht ich."

So sehen Raumfahrer unsere Erde und die Wolken.

Wie entsteht das Wetter? Warum verändert sich das Wetter?	Wichtig für das Wetter auf der Erde sind die Sonne, die Luft und das Wasser. Die Strahlen der Sonne scheinen auf die Erde. Sie erwärmen die Erde. Auch den Pflanzen, Tieren und Menschen geben sie Licht und Wärme. Ohne das Licht und die Wärme der Sonne könnte es auf der Erde kein Leben geben.
Warum bewegt sich die Luft?	Luft, die von der Sonne erwärmt wird, steigt nach oben. Wenn die warme Luft aufsteigt, strömt kühle Luft von der Seite nach. So bringt die Sonne die Luft in Bewegung. Man spürt die Luftbewegung und sieht die Wolken wandern.

Der Kreislauf des Wassers

Wenn die Sonne Wasser erwärmt, verdunstet ein Teil.
Das kann man sehen, wenn eine Pfütze verschwindet,
die Straße trocknet oder die nasse Wäsche in der Sonne
schnell trocknet. Wenn Wasser verdunstet, schweben
Wasserteilchen in der Luft. Man kann sie nicht sehen,
sie sind sehr klein.

Diese kleinen Wasserteilchen schließen sich
um ein Staubkörnchen zu einem Tröpfchen zusammen.
Viele Wassertröpfchen bilden eine Wolke.
Nimmt die Wolke noch mehr Wasser auf,
werden die Tröpfchen größer. Die Wolke sieht jetzt
dick und dunkel aus. Man nennt sie Regenwolke.
Sind die großen Tropfen zu schwer, dann fallen sie herunter.
Sie können als Regen, Hagel oder Schnee herabfallen.

Besonders oft regnet es, wenn der Wind
die Wolken an einem Berg oder Gebirge hinaufschiebt.

Das Regenwasser sammelt sich in Bächen, Flüssen,
Teichen, Seen und Meeren.
Das Wasser sickert auch in die Erde.
Trifft es hier auf eine undurchlässige Schicht,
kommt es als Quelle wieder hervor.

Auch Pflanzen nehmen einen Teil des Wassers auf.
Aus der feuchten Erde, aus den Gewässern und
aus den Pflanzen verdunstet das Wasser wieder.

Die Wasserteilchen steigen wieder in die Luft,
der Kreislauf des Wassers beginnt wieder von vorn.

Regen, Schnee, Hagel und Gewitter

Schneekristall

Das größte Hagelkorn, das je gefunden wurde, war 19 Zentimeter dick!

Wenn die Wassertropfen in der Wolke zu schwer sind,
fallen sie als Regen auf die Erde.
Im Winter ist es oft kälter als null Grad.
Dann gefrieren die Tropfen in der Wolke.
Sie werden zu winzigen Schneekristallen.
Wenn die Kristalle aus der Wolke fallen,
verbinden sie sich mit anderen Kristallen.
So entsteht eine Schneeflocke.
Auch im Sommer ist die Luft hoch oben
kälter als null Grad. Wieder entstehen Schneekristalle.
Sie schweben langsam zur Erde und werden vom Wind
hin und her gewirbelt. Dabei fangen sie unterwegs
Wassertropfen ein. Diese Tropfen gefrieren zu Eis.
So entstehen Hagelkörner.
Sie können auf Getreidefeldern und in Gärten
große Schäden anrichten.

1 Kilometer = 1000 Meter

Im Sommer, wenn sich die Luft sehr stark erwärmt,
entstehen manchmal Gewitter.
Heftiger Wind jagt schwere Regenwolken vor sich her.
Sie sind elektrisch geladen.
Zwischen den Wolken zucken die Blitze zur Erde.
Das Licht der Blitze siehst du sofort.
Das Donnergeräusch dagegen braucht drei Sekunden
um etwa einen Kilometer zurückzulegen.
Zähle die Sekunden, die vom Aufleuchten des Blitzes
vergehen, bis du den Donner hörst.
Du kannst ausrechnen, wie weit das Gewitter entfernt ist.

Wind

Wind kannst du nicht sehen.
Wind kannst du spüren.
Aufsteigender Rauch, eine Fahne
oder ein Wetterhahn können uns zeigen,
aus welcher Richtung der Wind weht.

Am Tag

Am Abend

Die Sonne wärmt am Tag das Land und das Wasser.
Das Land erwärmt sich schneller.
Die warme Luft steigt nach oben.
Die kühlere Luft über dem Wasser strömt deshalb
zum Land hin. Der Wind weht also vom Wasser
zum Land.

Am Abend kühlt sich das Land ab.
Das Wasser bleibt länger warm.
Über dem Wasser steigt die warme Luft empor
und der Wind weht vom Land zum Wasser.

Wie wird das Wetter?

Der Januar hart und rau
nützet dem Getreidebau.

Alte Bauernregel

Schon vor langer Zeit haben die Menschen
das Wetter genau beobachtet.
Für sie war es wichtig, manchmal sogar lebenswichtig,
zu wissen, wie das Wetter wird.
Bauern haben zum Beispiel die Wetterzeichen und
Wetterveränderungen genau beobachtet.
Aus ihren Erfahrungen und Beobachtungen
haben sie Wetterregeln gereimt und aufgeschrieben.

Es gibt Tiere, die fühlen können, wie das Wetter wird.
Manchmal spüren sie es schon mehrere Wochen voraus.
Das ist für sie lebensnotwendig.
Wenn der Frosch zu früh aus seinem Winterloch kriecht
und vom Nachtfrost überrascht wird, erfriert er.

Tiere, die das Wetter vorhersagen:
- Wenn Ameisen im Herbst ihre Hügel besonders hoch
  bauen, wird es einen kalten Winter geben.
- Wenn die Bienen abends früh in den Stock heimkehren,
  bleibt es schön.
- Hoch springende Fische zeigen einen Wetterwechsel an.
- Wenn Stubenvögel besonders oft baden,
  zeigen sie Regen an.

Über das Wetter von morgen informiert uns
der Wetterbericht im Fernsehen:

Für viele Menschen und ihre Berufe ist der Wetterbericht wichtig. Der Landwirt muss wissen, wann es regnet, damit er seine Ernte trocken einbringen kann.
Wenn wir ein Picknick planen oder schwimmen gehen wollen, möchten wir natürlich auch gern wissen, wie das Wetter wird.

Heute sind Wettervorhersagen für mehrere Tage möglich. Die Wetterberichte und Wettervorhersagen entstehen so:
Wetterstationen sind über das Land verteilt.
Hier wird das Wetter beobachtet, Temperatur, Windstärke und Niederschläge werden gemessen.

Viele Wettersatelliten umkreisen die Erde.
Sie tragen Messinstrumente und funken die Messergebnisse zur Erde. Die vielen Beobachtungen und Messergebnisse werden in den Wetterämtern gesammelt.

Meteorologe: Wetterforscher

Die Meteorologinnen und Meteorologen stellen die Daten zusammen.
Sie tragen wichtige Informationen in die Wetterkarten ein.
Mit großen Computern erarbeiten sie eine Vorhersage für die nächsten Tage.

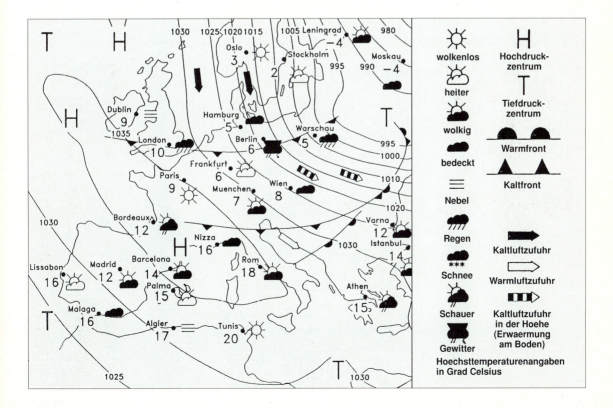

Einen Windmesser bauen

Dazu braucht ihr:

- einen 60 Zentimeter langen Stock,
- für die Messskala ein Stück Pappe, das mindestens 10 Zentimeter lang und 12 Zentimeter breit ist,
- für die Messzunge einen Pappstreifen, der 15 Zentimeter lang und 3 Zentimeter breit ist,
- einen langen dünnen Nagel,
- drei Reißzwecken.

So wird es gemacht:

Knickt die Messzunge um den Nagel herum und klebt beides zusammen.

Messzunge

Zeichnet die Messskala auf, beschriftet sie und schneidet sie aus.

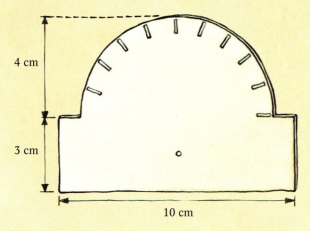

Messskala

Befestigt die Messskala mit Reißzwecken an dem Stock.
Schlagt den Nagel mit der Messzunge vorsichtig ein.

Wir beobachten das Wetter

Das Wetter in der Woche vom   bis

Wochentag	Uhrzeit	Bewölkung	Temperatur	Niederschlag	Windstärke
Montag	8.30	🌧️	12°C	4 mm	schwach
Dienstag	8.45	⛅	18°C	–	schwach
Mittw...					

Gewitter, wolkig, bedeckt, Regen, Schnee, Sonne, Nebel

Trage eine Woche lang jeden Tag auf deinem Wetterblatt ein, wie das Wetter ist.

Dazu brauchst du:

- Papier und Bleistift,
- ein durchsichtiges Gefäß mit Millimetereinteilung,
- einen Trichter,
- ein Thermometer,
- einen Windmesser.

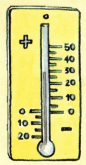

Mit dem Thermometer misst du die **Temperatur** jeden Tag zur selben Uhrzeit.

Wenn es geregnet hat, liest du die **Regenmenge** mit Hilfe der Millimeterskala an deinem Gefäß ab.

Mit deinem selbst gebauten Windmesser kannst du die **Windstärke** ablesen. Trage ein, ob der Wind stark oder schwach ist.

Körper und Gesundheit

Zutaten für Obstsalat:

1 Apfelsine, 1 Banane,
2 Äpfel, 1 Birne,
Weintrauben,
Zitronensaft, Zucker

Kennst du die Geschichte vom Suppenkasper?
In der Geschichte will der Suppenkasper
nicht mehr essen. Am Ende ist er nur noch
so dünn wie ein Strich.
Es ist ungesund, zu wenig zu essen.
Es ist ungesund, zu viel zu essen.
Es ist ungesund, das Falsche zu essen.

Wenn du krank bist,
ist vieles anders.
Du kannst nicht zur Schule gehen.
Du kannst nicht mit deinen Freunden spielen.
Du hast Schmerzen.
Das Essen schmeckt dir nicht.

Es gibt keinen Schutz gegen alle Krankheiten.
Trotzdem kannst du etwas für deine Gesundheit tun.

Deine Kleidung sollte immer
dem Wetter angepasst sein,
damit du nicht frierst
oder schwitzt.

Auch eine
regelmäßige Körperpflege
schützt vor Krankheiten.

Viel Bewegung
in der frischen Luft
tut deinem Körper gut
und macht Spaß.

Wenig Süßigkeiten und
viel Obst und Gemüse
halten dich fit.

Woher unsere Nahrung kommt

Unsere Nahrung stammt von Pflanzen und Tieren.
Wir züchten Pflanzen, bauen sie an und ernten sie.
Viele Nahrungsmittel werden aus Pflanzen hergestellt.
Auch Tiere werden von Menschen gezüchtet.
In Ställen und auf Weiden halten wir sie als Nutztiere.
Von ihnen bekommen wir Fleisch, Milch und Eier.
Die meisten Menschen bei uns haben genug zu essen.
Wir können jeden Tag mehrere Mahlzeiten zu uns nehmen.
Das war nicht immer so.
Auch heute noch müssen Menschen hungern.

Der Lebensmittelkreis

 Kohlenhydrate und **Fette** geben dir Kraft.

 Eiweiße helfen dir beim Wachsen.

 Ballaststoffe sind notwendig für eine gute Verdauung.

 Mineralstoffe und **Vitamine** halten dich gesund.

Der Lebensmittelkreis zeigt dir, wie du dich gesund ernähren kannst. Täglich solltest du aus allen Bereichen des Lebensmittelkreises etwas essen. Um gesund zu leben brauchst du Eiweiße, Fette, Kohlenhydrate, Mineralstoffe, Vitamine und Ballaststoffe. Diese Nährstoffe benötigt dein Körper für eine gesunde Entwicklung. Menschen, die kein Fleisch essen, ersetzen dies durch Milcherzeugnisse, Bohnen oder Brot.

Richtig einkaufen

Die Klasse 3 b hat beim Sommerfest in ihrer Schule Waffeln gebacken und verkauft. Den Kindern hat das viel Spaß gemacht.
Ihr könnt das auch machen!
Zuerst müsst ihr überlegen, was ihr alles braucht.
Danach bildet ihr drei Gruppen.

- Eine Gruppe besorgt die Einkäufe.
- Eine Gruppe kümmert sich um den Stand und das Geschirr.
- Eine Gruppe backt die Waffeln und verkauft sie.

Rezept

1/4 Liter Milch
2 Eier
40 Gramm Zucker
oder 2 Esslöffel Honig
180 Gramm Mehl
1 Teelöffel Backpulver

Verrühre die Zutaten der Reihe nach zu einem Teig. Verteile den Teig mit einem großen Löffel auf einem Waffeleisen.

Ihr habt im Unterricht gerade das Thema
„Gesunde Ernährung" behandelt.
Beim Einkaufen könnt ihr deshalb all das anwenden,
was ihr gelernt habt:
• Verwendet Vollkornmehl.
• Nehmt zum Süßen Honig statt Zucker.
• Kauft Eier von Hühnern, die im Freien gehalten werden.

Außerdem könnt ihr umweltbewusst einkaufen.
Ihr könnt Pfandflaschen benutzen.
Auch bei den anderen Verpackungen könnt ihr darauf achten,
überflüssigen Müll zu vermeiden.
Anne, ein Mädchen der Klasse 3 b, kannte sich beim Einkaufen
gut aus. Sie gab den anderen Kindern Tipps:

„Hier steht das Haltbarkeitsdatum der Milch.
Sie ist bis zum 13. Juli frisch. Das sind noch drei Tage.
Die können wir nehmen.
Bei den Eiern prüfe ich, ob auch keines angeknackst ist.
Das machen meine Eltern auch so.
An diesem Schild kann man sehen, ob die Hühner
in Käfigen oder im Freien gehalten werden."

Worauf kann man beim Einkaufen noch achten?

Medikamente

Menschen haben vor langer Zeit herausgefunden,
dass einige Pflanzen bei Krankheiten helfen.
Aus diesen Pflanzen und aus anderen Stoffen
haben sie Heilmittel hergestellt.

Heilmittel oder Medikamente werden vom Arzt
verschrieben. Sie müssen so eingenommen werden,
wie es das Rezept vorschreibt.
Viele Medikamente werden nur gegen Rezept
in der Apotheke verkauft.
Dort werden sie sorgfältig aufbewahrt.

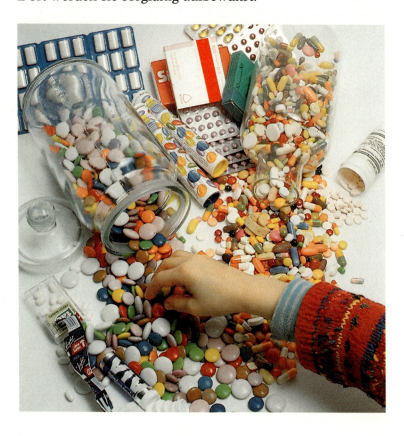

Medikamente helfen bei Krankheiten. Sie können aber
gefährlich werden, wenn sie schon alt sind
oder wenn man zu viel davon einnimmt.
Manche Medikamente sehen aus wie Bonbons.
Kleine Kinder können sie leicht verwechseln.
Wenn ein Kind Tabletten wie Bonbons gegessen hat,
musst du sofort Hilfe holen.
Sage einem Erwachsenen Bescheid oder wähle den Notruf.
Um kleine Kinder zu schützen sollten Medikamente
im verschlossenen Arzneischrank aufbewahrt werden.

Notruf 110

Polizei

Das ist nichts für dich

Tabakrauch schadet nicht nur den Rauchern.
Er schadet auch dir. Wenn du im gleichen
Zimmer bist, musst du ihn auch einatmen.

Bier, Wein und andere Getränke enthalten Alkohol.
Alkohol verändert das Verhalten der Menschen.
Viele Verkehrsunfälle passieren,
weil Menschen Alkohol getrunken haben.
Für Kinder ist Alkohol besonders schädlich.
Getränke, die Alkohol enthalten, darfst du nicht trinken.

Einige Klebstoffe enthalten Lösungsmittel.
Diese Lösungsmittel schweben als Gas in der Luft.
Du kannst sie riechen. Sie sind ungesund.
Es gibt auch Klebstoffe ohne dieses Mittel.
Achte beim Kauf darauf!

Geburt und Aufwachsen

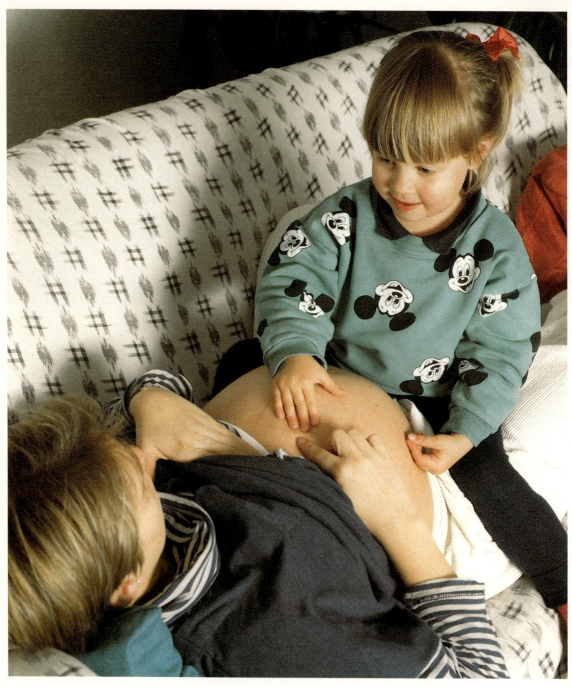

Diese Frau erwartet ein Kind. Sie ist schwanger und hat deshalb einen dicken Bauch.
Im Bauch ist eine warme Höhle, die Gebärmutter.
Dort wächst das Baby neun Monate lang.
Die Frau freut sich auf ihr Kind.
Sarah befühlt den Bauch ihrer Mutter.

Sarah hat viele Fragen.
„Wie habe ich meinen Namen bekommen?",
möchte sie heute wissen.
„Wir haben schon lange vorher überlegt,
wie du heißen sollst.
Bald nach der Geburt wird das Kind
beim Standesamt angemeldet.", erzählt die Mutter.
„Den Namen des Kindes, die Namen der Eltern,
das Geburtsdatum und den Geburtsort
trägt der Standesbeamte oder die Standesbeamtin
in die Geburtsurkunde ein."

Geburtsurkunde	E 1
(Standesamt Haan -/-	
Nr. 533	)
Sarah Susanne Karin Walter	
ist am 30. Oktober	
in Haan -/-	
	geboren.
Eltern: Gerhard Winfried Walter,	
evangelisch-lutherisch,	
und Karin Sophie Charlotte Walter,	
geb. Scholz, evangelisch,	
beide wohnhaft in Haan. -/-	
-/-	
Haan , den 2. November	
Der Standesbeamte	

Schon lange nicht mehr allein,
nicht mehr zu zweit, sondern
zu dritt!

Sarah
*30. Oktober

Karin und Gerhard Walter

„Einige Verwandte und Freunde haben uns bald
nach der Geburt angerufen. Sie wollten wissen,
ob es mir und dem Kind gut geht. Wir haben
eine Geburtsanzeige in der Zeitung aufgegeben.
Dadurch haben auch viele Bekannte von
deiner Geburt erfahren.
Viele Freunde sind zu Besuch gekommen,
als wir wieder zu Hause waren.
Sie wollten dich sehen."

Mädchen und Jungen – Männer und Frauen

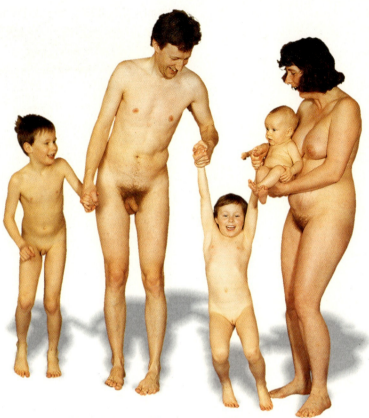

Jungen und Mädchen – Frauen und Männer
sehen unterschiedlich aus.
Sie unterscheiden sich äußerlich durch ihre
Geschlechtsorgane.

Jungen und Männer haben ein Glied und einen Hodensack.
In den beiden Kugeln, die man Hoden nennt,
entstehen beim Mann sehr viele winzige Samenzellen.

Mädchen und Frauen haben eine Scheide.
Durch sie wird das Kind geboren.
Mit ihren Brüsten können Frauen ihr Baby
nach der Geburt stillen.

Einige Geschlechtsorgane kann man äußerlich
nicht sehen. Sie liegen gut geschützt im Körper.

Alle Körperteile und Organe wie die Arme und die Beine,
die Augen und das Herz haben bestimmte Aufgaben.
Auch die Geschlechtsorgane der Frau und des Mannes
haben eine bestimmte Aufgabe: Sie wirken bei der
Entstehung eines neuen Menschenlebens zusammen.

Ein Kind entsteht

Wenn ein Mann und ein Frau sich lieb haben,
umarmen und streicheln sie sich. Sie kuscheln miteinander.
Dabei schiebt der Mann sein Glied in die Scheide der Frau.
Das ist für beide ein sehr schönes Gefühl.

Samenzellen gelangen aus dem Glied in die Scheide.
Sie schwimmen bis in die Eileiter.
Dort können sie eine Eizelle befruchten.

1 Samenzellen
2 Samenkern
3 Eizelle
4 Eikern

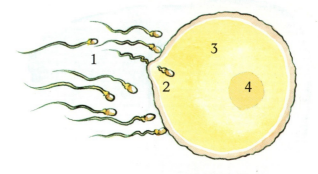

Die Eizelle der Frau ist nur so groß
wie ein Stecknadelkopf.
Die Samenzellen sind so klein, dass man sie nur
durch ein Mikroskop erkennen kann.
Nur eine der vielen Samenzellen
kann die Eizelle befruchten.
In der Gebärmutter der Frau kann ein Kind wachsen.
Nicht jedes Mal, wenn eine Frau und ein Mann
miteinander schlafen, wird eine Eizelle befruchtet.

Ein Mensch wächst heran

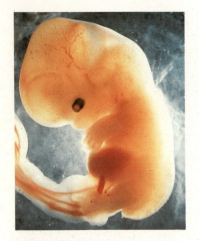

5 bis 6 Wochen alt
1 bis 2 Zentimeter groß

19 Wochen alt
etwa 18 Zentimeter groß

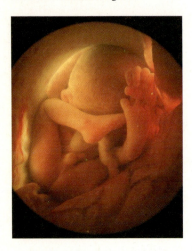

36 Wochen alt
etwa 45 Zentimeter groß

1. Monat	Das Kind wächst im Bauch. Es ist etwa so groß wie ein Stecknadelkopf.
2. Monat	Arme und Beine sind gut zu erkennen.
3. Monat	Das Kind wächst weiter. Es macht seine ersten Bewegungen.
4. Monat	Das Kind kann schon am Daumen nuckeln.
5. Monat	Die Mutter kann spüren, wie sich das Kind im Bauch bewegt.
6. Monat	Das Kind wird größer. Der Bauch der Mutter wird dicker.
7. Monat	Das Kind ist fertig entwickelt. Wenn es jetzt schon geboren wird, kann es überleben.
8. Monat	Von außen kann man sehen, wenn sich das Kind im Bauch der Mutter bewegt.
9. Monat	Das Kind wird geboren.

Im Mutterleib wächst das Kind in einer Fruchtblase
heran. Sie ist mit Fruchtwasser gefüllt.
Das Fruchtwasser schützt das Kind vor Stößen.
Die Nabelschnur verbindet das Kind mit der Mutter.

Das Kind kann selbst noch nicht essen.
Es kann keine Luft einatmen.
Aus dem Blut der Mutter fließen Nährstoffe
und Sauerstoff durch die Nabelschnur zum Kind.
Davon lebt es.

Damit die Mutter ihrem Kind nicht schadet, muss sie
während der Schwangerschaft sehr gesund leben.
Sie muss viel schlafen und sich gesund ernähren.
Alkohol, Nikotin und für das Kind schädliche Medizin
können über die Nabelschnur von der Mutter zum Kind
gelangen und dem Kind schaden.

Die Schwangerschaft ist für die Mutter körperlich
sehr anstrengend. Alle in der Familie sollten ihr helfen.

Das Kind wird erwartet

Die Eltern sorgen schon vor der Geburt für ihr Kind.
Sie legen zu Hause viele Dinge bereit,
die das Baby braucht.

Um sich auf die Geburt vorzubereiten
macht die Frau regelmäßig Gymnastik.
Sie lässt sich bei ihrer Ärztin untersuchen.
Sie möchte wissen, ob es ihrem Kind gut geht.
Vor der Entbindung meldet sie sich rechtzeitig
auf der Entbindungsstation im Krankenhaus an.

Die Geburt

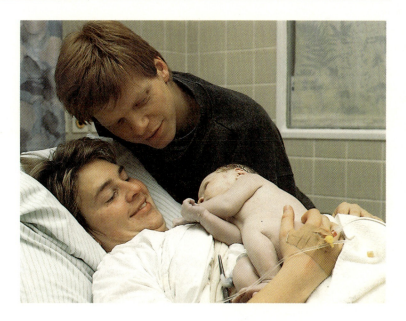

Ein paar Wochen später bekommt die Mutter Wehen.
Die Muskeln der Gebärmutter ziehen sich
immer wieder zusammen.
Sie muss jetzt schnell in das Krankenhaus.
Dort wird sie in das Geburtszimmer,
den Kreißsaal, gebracht.
Die Wehen werden immer stärker.
Das Baby wird nach unten gegen die Scheide
gedrückt, die sich allmählich dehnt.
Dabei platzt die Fruchtblase
und das Fruchtwasser fließt ab.

Nachdem die Mutter einige Zeit die Bauchmuskeln
fest zusammengepresst hat, können die Hebamme,
die Ärztin und der Vater schon das Köpfchen sehen.
Sie helfen nun dem Baby ganz aus dem Mutterleib
herauszukommen.

Für die Mutter und das Baby ist die Geburt
sehr anstrengend. Meistens hilft es der Mutter,
wenn der Vater des Kindes bei ihr ist.

Nach der Geburt wird die Nabelschnur abgebunden
und durchgeschnitten. Das tut nicht weh.
Später erinnert nur noch der Bauchnabel daran.
Nun holt das Baby zum ersten Mal Luft.
Dann wird es gemessen, gewogen und gebadet.
Um sein Handgelenk bekommt es ein Namensbändchen.

Was ein Kind braucht

Das neugeborene Kind kann und muss selbst atmen.
Es wird nicht mehr durch die Nabelschnur
von seiner Mutter versorgt.
Es kann nun selbst Nahrung aufnehmen.
Aber noch lange wird es Menschen brauchen,
die es mit viel Liebe versorgen.
Manche Mütter stillen ihr Kind.
Sie lassen das Baby aus ihrer Brust Milch saugen.
Viele Kinder trinken aus der Flasche.
Sie ist mit Milch für Babys gefüllt.
Diese Milch kann man kaufen.

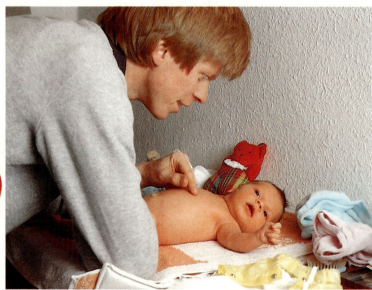

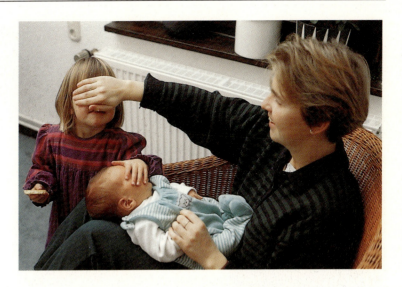

Neugeborene Babys können zunächst nur trinken.
Erst einige Zeit später können sie etwas essen.
Das Baby braucht viel Schlaf.
Es braucht trockene Windeln und muss gebadet werden.

Viele Menschen werden es lange begleiten.
Sie sollten ihm so lange helfen,
bis es für sich selbst sorgen kann.

Das Baby braucht Menschen,
- die Zeit haben,
- die mit ihm spielen,
- die zärtlich zu ihm sind,
- von denen es etwas lernt.

Information und Unterhaltung

1839 malte Carl Spitzweg das Bild „Der arme Poet".
Es zeigt einen Dichter, der in einer Dachstube
seine Verse aufschreibt.
Wie auf dem Bild darunter könnte das Arbeitszimmer
eines Dichters in unserer Zeit aussehen.
Etwas aufzuschreiben ist **eine** Möglichkeit
anderen etwas mitzuteilen.

Die moderne Technik hat dazu weitere Möglichkeiten
geschaffen:
Zeitungen, Zeitschriften, Bücher, Radios,
Tonbandgeräte, Fernsehgeräte und Computer … .
Mit ihrer Hilfe erfahren wir von Ereignissen
aus der Vergangenheit und Gegenwart.
Wir können auch über Ereignisse informiert werden,
die weit von uns entfernt passieren.
Wir lesen Bücher um uns zu unterhalten,
um Neues zu erfahren und um aus ihnen zu lernen.

Früher waren Bücher eine Kostbarkeit.
Sie waren sehr teuer. Deshalb konnten
nur wenige Menschen Bücher kaufen.

Viele Menschen
hatten weder lesen
noch schreiben
gelernt.

Auf Märkten und auf Plätzen stellten Schausteller
große Bilder auf. Sie berichteten der staunenden Menge,
was in der Welt geschah.

Ein Fernsehfilm entsteht

Wenn du fernsehen möchtest,
brauchst du nur einen Knopf zu drücken.
Ein Film erscheint auf dem Bildschirm.
Wie entstehen diese Filme?
Welche Menschen arbeiten dabei mit?

Für einen Film braucht man eine gute Geschichte.
Oft nimmt man als Vorlage ein bekanntes Buch.
Einige Geschichten werden von Autorinnen oder
Autoren speziell für einen Film geschrieben.
Die Texte für den Film nennt man Drehbuch.
Gute Ideen alleine reichen nicht aus.
Für die Herstellung eines Filmes ist viel Geld nötig.

An der Entstehung eines Filmes sind viele Menschen
beteiligt. Für den Film „Ronja Räubertochter"
von der bekannten Autorin Astrid Lindgren
waren dies die wichtigsten:

Der *Regisseur* Tage stellte das Filmteam für
„Ronja Räubertocher" zusammen und wählte
die Schauspieler und Schauspielerinnen aus.
Hanna heißt das Mädchen, das im Film die Ronja spielt.

Die *Maskenbildnerin* Siv schminkte die Gesichter
der Schauspieler.
Die *Kostümbildner* kümmerten sich um die Kleidung,
die Ronja und die anderen im Film tragen.

Die Kulissen und Dekorationen wurden von *Malern*, *Tischlern* und *Dekorateuren* hergestellt.

Wenn die *Regie-Assistentin* Catti die Klappe zuschlug, begann der *Kameramann* Rune zu filmen.
Ein *Tontechniker* sorgte dafür, dass alles gut zu verstehen ist.

cut (englisch): schneiden

Der *Cutter* oder die *Cutterin* (sprich: Katter/in) montierten die einzelnen Filmteile zusammen.
Geräusche und Musik kamen dazu.
Damit war der Film fertig.

Film und Wirklichkeit

Wenn ein Film richtig spannend ist, vergisst du oft,
dass Schauspieler eine ausgedachte Geschichte spielen.
Einige Filme im Fernsehen sind aufregend.
Andere bringen uns zum Lachen oder machen uns traurig.
Es gibt auch Filme, die Angst machen.
Bei einigen Filmen weiß man nicht genau,
ob sie ausgedacht sind oder zeigen, was wirklich geschieht.

Richtig fernsehen

Jeden Tag werden im Fernsehen die unterschiedlichsten Filme gezeigt. Svea sieht gerne Western und Tierfilme. Ihr Bruder Timo mag am liebsten Alf und Zeichentrickfilme.

Bei den vielen angebotenen Programmen ist es oft gar nicht so einfach, etwas auszuwählen. Am Wochenende sitzen Timo und Svea zusammen und streichen im Programmheft an, was sie in der kommenden Woche anschauen wollen.

Für den Mittwoch und den Freitag können sie sich nicht einigen. Beide wollen zur gleichen Zeit verschiedene Filme sehen.
„Nur weil du älter bist, willst du immer bestimmen", sagt Timo. „Ich möchte aber lieber die Trickfilme sehen."
„Wir können uns ja am Mittwoch den Trickfilm ansehen und am Freitag den Tierfilm zusammen anschauen. Das macht sowieso mehr Spaß und wir können hinterher darüber reden."
Damit ist Timo einverstanden.

Werbung

Überall siehst und hörst du Werbung:
auf Plakaten, in Zeitungen und Zeitschriften,
im Radio, im Fernsehen und im Kino.
Dabei wird für Süßigkeiten, Spielsachen
und vieles mehr geworben.
Werbung soll Kinder und Erwachsene dazu bringen,
ein bestimmtes Produkt zu kaufen.

Nicht immer will Werbung
erreichen, dass
etwas gekauft
wird.

Es gibt auch Werbung
für andere Zwecke.

Lesen ist kinderleicht?

Früher konnten nur wenige Menschen zur Schule gehen.
Viele lernten deshalb nie lesen und schreiben.
Wir können uns das heute kaum vorstellen.
Überall sind wir von Schrift umgeben.
Hinweisschilder mit Texten
helfen uns uns zurecht-
zufinden.

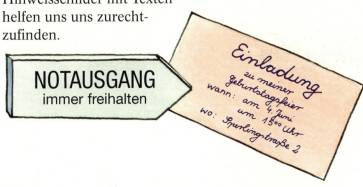

Überall auf der Erde gibt es auch heute noch
zahlreiche Menschen, die nicht lesen können.
In Deutschland leben mehr als eine Million Erwachsener,
die nicht lesen und schreiben können.
Man nennt diese Menschen Analphabeten.
Für sie werden Kurse angeboten,
in denen sie lesen und schreiben lernen.

Ein Buch herstellen

Ein Buch selbst herzustellen ist noch interessanter,
als ein Buch zu lesen. Dieses Buch kannst du verschenken
oder als schöne Erinnerung aufheben.
Ihr könnt mit der ganzen Klasse gemeinsam ein Buch herstellen.
Ein kleines Buch könnt ihr auch alleine oder zu zweit anfertigen.

Ideen für Bücher gibt es eine ganze Menge:
· Schreibe selbst eine Geschichte.
· Mache ein Buch über Pflanzen und Tiere.
· Stelle ein Buch über eine Reise oder einen Ausflug her.
· Sammle Bilder für ein Bilderbuch.
Bestimmt fallen dir noch weitere Themen ein.

Ein Buch braucht einen Titel, einen Umschlag
und ein Verzeichnis für den Inhalt. Mit Bildern wird es schöner.

Soll das Buch in mehreren Exemplaren erscheinen,
dann musst du es vervielfältigen.
In einigen Schulen gibt es dafür
eine Druckerei.

Die Seiten kannst du auch
fotokopieren.

Das Buch hält lange, wenn es einen festen Umschlag
hat und gebunden ist.
Du kannst die Seiten lochen und zusammenheften.
Mit einem schönen Band zusammengebunden
sieht das Buch noch schöner aus.
In einer Buchbinderei oder in einem Kopierladen
kannst du das Buch auch binden lassen.

Eine Wandzeitung herstellen

Viele Projekte sind sehr interessant.
Es ist schade, wenn sie bald wieder vergessen werden.
Andere Kinder und auch eure Eltern wollen erfahren,
was ihr gemacht habt.
Mit einer Wandzeitung könnt ihr alle über euer Projekt informieren.

Dazu ein paar wichtige Tipps:
- Notiert euch Thema, Aufgabe oder Ziel des Projekts.
- Was habt ihr während des Projekts alles gemacht?
- Zu welchen Ergebnissen seid ihr gekommen?
- Sammelt dazu Bilder, Texte und andere Materialien.
- Macht Fotos während des Projekts.

Ordnet alles auf einer Wand an.
Sucht einen geeigneten Raum in der Schule
um eure Arbeiten und die Wandzeitung auszustellen.
Erkundigt euch, ob ihr eure Stellwände auch außerhalb der Schule
ausstellen könnt. Geeignet sind dafür zum Beispiel Büchereien.

Wir machen eine Schülerzeitung

Gibt es an eurer Schule schon eine Schülerzeitung?
Wenn nicht, dann wird es höchste Zeit.
Eine Zeitung selbst herstellen – das macht viel Spaß.
Eine Zeitung macht aber auch Arbeit.
Es ist ein Projekt, für das ihr genug Zeit braucht.

Das braucht ihr für eure Zeitung:
- viel Platz zum Schreiben und Malen und zum Sortieren der Seiten,
- Papier und Schreibgerät,
- zum Vervielfältigen eine Druckerei, ein Fotokopiergerät oder eine Hektographiermaschine,
- Hefter und Klebestreifen zum Binden.

Alle Mitarbeiter der Zeitung bilden eine Redaktion.
Die Redaktion muss als erstes entscheiden:
Wie soll eure Zeitung heißen?
Worüber wollt ihr berichten?
Wie viele Seiten kann sie haben?

Darüber könnt ihr in eurer Zeitung schreiben:
- Berichte aus der Schule:
  Klassenfahrten, Schulfeste, Besichtigungen, Projekte,
- Gespräche mit Leuten aus der Schule, Eltern, Nachbarn und anderen. Stellt ihnen Fragen, die euch interessieren.
- Selbst gemachte Geschichten und Gedichte,
- Bilder und Bildgeschichten,
- Rätsel, Witze …

Tipps für die Fertigstellung der Zeitung:
- Texte und Bilder sammeln,
- Texte, wenn nötig, abschreiben oder abtippen,
- Titelbilder ausdenken und zeichnen,
- Bilder, wenn nötig, vergrößern oder verkleinern,
- Seiten vervielfältigen,
- Werbeplakate für die Zeitung machen und aushängen,
- für den Verkauf besonders geeignet sind Schulfeste oder andere Schulveranstaltungen.

Früher und heute

Julians Urururgroßmutter

Das ist Julian.   Das ist Julians Mutter.
Er ist 1986 geboren.   Sie ist 1952 geboren.

An einem Nachmittag im Sommer besucht Julian
seine Oma. Er mag es gern, wenn sie von früher erzählt.
Manche Geschichten kann er kaum glauben,
andere sind spannend und einige auch traurig.
Julian stellt sich dann oft vor, wie es gewesen wäre, in der
Zeit der Pferdewagen und Dampflokomotiven zu leben.

Heute erzählt seine Oma von ihrer Familie,
ihren Eltern und ihren Großeltern.
Sogar an ihre Urgroßmutter kann sie sich noch erinnern:
„Ihre Haare waren zu einem Knoten zusammengebunden.
Sie sah streng aus, war aber immer sehr freundlich.
Ihren schönen Garten sehe ich heute noch genau vor mir.
Er war voll von Blumen und Bäumen. Als Kind habe ich
gern darin gespielt. Auf diesem Foto kannst du
meine Urgroßmutter sehen und ihren Garten auch."
„Wer ist denn das kleine Kind auf ihrem Schoß?",
fragt Julian.
„Das bin ich", lacht Julians Oma.
„Und die Frau, die mich auf dem Schoß hat,
ist deine Urururgroßmutter."

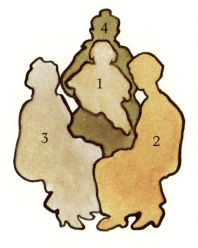

1 Das ist Julians Großmutter.
   Sie ist 1925 geboren.
2 Julians Urgroßmutter ist 1900 geboren.
   Sie ist die Mutter seiner Großmutter.
3 Julians Ururgroßmutter ist 1873 geboren.
   Sie ist die Großmutter seiner Großmutter.
4 Das ist Julians Urururgroßmutter.
   Sie ist 1855 geboren.

Wohnen

Dieses Puppenhaus ist 100 Jahre alt.
Es zeigt, wie in jener Zeit wohlhabende Bürger lebten.

Anderen Menschen ging es weniger gut.
Oft lebten viele Personen in einer Wohnung zusammen.
Kinder, Eltern und Großeltern halfen im Haushalt mit.
Auch Knechte und Mägde,
Handwerker und Hausangestellte lebten zusammen
mit der Familie, bei der sie arbeiteten.

Der Maler Fritz von Uhde malte 1889
das Zimmer seiner Kinder.

Kleidung

Oft gingen die Kinder früher barfuß den langen Weg
zur Schule. Feste Schuhe konnten sich nicht alle leisten.
In ihrer Erzählung „Das Gemeindekind"
berichtet Marie von Ebner-Eschenbach,
wie Pavel zu seinem ersten Paar Stiefel kam:

„Geh' jetzt", fuhr der Lehrer fort, „und komm morgen wieder
und übermorgen auch, und wenn du acht Tage nacheinander
kommst, kriegst du von mir ein Paar ordentliche Stiefel."
„Stiefel? – Wie die Kinder der Bauern haben?
Ordentliche Stiefel mit hohen Schäften?"

Unaufhörlich während des Heimwegs sprach Pavel die Worte
„ordentliche Stiefel" vor sich hin, sie klangen märchenhaft.
Er vergaß darüber, dass er sich vorgenommen hatte,
den Arnost zu prügeln, er stand am nächsten Morgen
vor der Tür der Schule, bevor sie noch geöffnet war,
und während der Stunde plagte er sich mit heißem Eifer
und verachtete die Mühe, die das Lernen ihm machte.

Im Jahr 1900 ließ sich diese Schulklasse zusammen
mit ihrer Lehrerin fotografieren.
Die Jungen trugen damals zum Teil Matrosenanzüge
und die Mädchen Kleider aus festem Stoff
mit großen Kragen.

1900

1950

„Endlich Ferien!" Die Kinder bejubelten vor vierzig Jahren den letzten Schultag vor den Sommerferien genauso wie ihr heute.
Die Mädchen trugen damals fast alle Kleider und Röcke. Viele der Jungen liefen in Lederhosen herum.

1990

Essen und trinken

Wenn früher die Ernte gut war, gab es
auf den Wochenmärkten ein reichhaltiges Angebot.
Es gab aber auch Jahre,
in denen eine große Trockenheit herrschte.
In anderen Jahren vernichteten Überschwemmungen
einen großen Teil der Ernte.
Viele Menschen mussten dann hungern.
Vor 500 Jahren wurde die Kartoffelpflanze
von Amerika nach Europa gebracht.
Kartoffeln wachsen auch in schlechteren Böden.
Sie haben viele Nährstoffe und wichtige Vitamine,
die für uns lebenswichtig sind.
Weil man Kartoffeln fast überall anbauen kann,
können wir uns in großen Mengen damit versorgen.

Es ist noch gar nicht so lange her,
dass auch in Deutschland Menschen hungern mussten.
Deine Großeltern können dir davon erzählen.
Viele Schulkinder kamen ohne Frühstück in die Schule.
Dort bekamen die Kinder eine warme Mahlzeit,
weil es zu Hause kein warmes Essen gab.
Auch wenn genügend Geld vorhanden war,
konnte man nicht kaufen, was man wollte.
Weil Lebensmittel knapp waren,
wurden sie mit Lebensmittelkarten zugeteilt.
Für jede Person gab es eine Lebensmittelkarte im Monat.
Darauf stand, wie viel Brot, Milch oder Butter
sie kaufen konnten.

In einigen Ländern der Welt müssen auch
heute noch viele Kinder täglich hungern.

Spielen

Das Bild „Kinderspiele" malte der holländische Maler Pieter Breughel vor mehr als 400 Jahren. Es zeigt uns, was und womit die Kinder früher spielten.

Einige Spielsachen haben sich wenig verändert. Elektrische Eisenbahnen und Computerspiele kannten die Kinder früher natürlich noch nicht.

Als es noch keine Autos und betonierte Wege gab, spielten die Kinder oft auf der Straße.
Zum Wald und zur Wiese war es meist nicht weit.
Wer heute in der Stadt wohnt, hat es oft schwer, einen Platz zum Spielen zu finden.

Spielplatz
für Kinder bis zu 12 Jahren.
Benutzung des Platzes und der Geräte auf eigene Gefahr.
Fußballspielen sowie Rad- und Mopedfahren nicht erlaubt!
Für Hunde verboten.

Stadtgartenamt

Menschen sind Erfinder

Schon vor 8000 Jahren haben Menschen Gefäße aus weichem Ton geformt.
Sie entdeckten, dass Ton in großer Hitze fest wird.
Deshalb brannten sie die Tongefäße in Feuer.

Fast alle Völker auf der Erde verwenden Ton und Lehm.
Sie stellen daraus Backöfen, Spielfiguren, Tontafeln
und sogar Häuser und Musikinstrumente her.
Viele Schüsseln, Krüge, Schalen und Becher
verzieren sie vor dem Brennen sorgfältig.

Dieses Tongefäß sieht wie ein Tier aus. Vor etwa 2000 Jahren
wurde es vermutlich als Trinkgefäß für Säuglinge benutzt.

1974 bohrten chinesische Bauern im Boden nach Wasser
und stießen dabei auf eine riesige unterirdische Anlage.
Dort entdeckten sie eine Armee mit 6000 Soldaten,
Pferden, Wagen, Waffen und Geräten aus Ton.
Die Tonsoldaten sind so groß wie Menschen.
Der chinesische Kaiser Qin Shi Huang Di ließ
die Armee vor mehr als 2000 Jahren bauen.
Sie wurden als Schutztruppe in seinem Grab aufgestellt.

Häuser aus Lehm und Ton

Die Fachwerkhäuser in unseren Städten
sind schon mehrere hundert Jahre alt.
Beim Hausbau wurde damals zuerst ein Gerüst
aus starken Balken errichtet.
Zwischen die Balken kam ein Geflecht aus Ruten.
Dieses Geflecht wurde auf beiden Seiten mit Lehm
beworfen. So entstand eine Wand.

In Ländern, in denen es wenig regnet,
werden noch heute Häuser
aus Lehm gebaut.

Auch in unseren Häusern sind viele Teile
aus Ton oder Lehm:

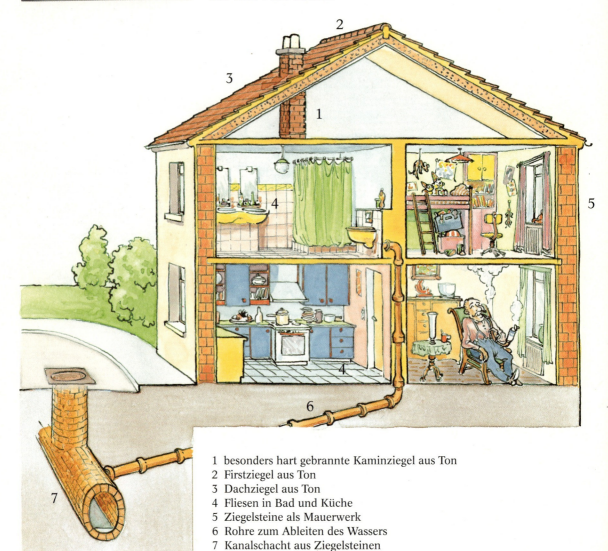

1 besonders hart gebrannte Kaminziegel aus Ton
2 Firstziegel aus Ton
3 Dachziegel aus Ton
4 Fliesen in Bad und Küche
5 Ziegelsteine als Mauerwerk
6 Rohre zum Ableiten des Wassers
7 Kanalschacht aus Ziegelsteinen

Ein Tongefäß selbst herstellen

Knete den Ton gut durch.
Rolle Würste aus kleinen Tonstücken.

Der Boden wird als Spirale geformt.

Streiche den Boden glatt.

Baue die Wand des Gefäßes aus Würsten auf.

Verziere das Gefäß, zum Beispiel mit Stempeln.
Lass es trocknen und, wenn du die Möglichkeit dazu hast, im Ofen brennen.

Glas

1 Sand
2 Kalk
3 Soda
4 Altglas
5 Schmelzofen
6 Glas

Soda: ein Salz,
das in der Natur vorkommt

Glas ist eines der ältesten Materialien,
die von Menschen hergestellt wurden.
Es besteht aus Sand, Soda und Kalk.
Auch Altglas kann zur Glasherstellung
verwendet werden.
Im Schmelzofen wird das Gemisch auf
über 1400 Grad erhitzt, erst dann schmilzt es.
Die Glasmasse wird auf einem Rollenband
zu einer langen Tafel ausgezogen.
Wenn die Glastafel abgekühlt ist,
zerteilt sie ein Schneidegerät in passende Scheiben.

Das Glasblasen ist
eine alte Kunst.
Eine kleine Menge
Schmelzmasse
wird dabei geformt.

Ein Material – mehrere Werkzeuge

Glas ist zerbrechlich.
Um es zu bearbeiten
muss der Handwerker
passendes Werkzeug
verwenden:

Der Glaser soll eine neue Scheibe einsetzen.
Er misst das Fenster sorgfältig aus. Auf einem
ganz glatten und sauberen Tisch legt er eine Glasscheibe.
An einem Lineal entlang ritzt er die Scheibe an.
Dazu benutzt er besonderes Werkzeug,
den Glasschneider oder das Stahlrad. An ihren Spitzen
befinden sich harte Diamanten.
Der Glaser ritzt eine Kerbe in das Glas.
An dieser Kerbe kann er die Scheibe auseinander brechen.

Vorsichtig setzt er die Scheibe in das Fenster ein.
Mit einem stumpfen und biegsamen Kittmesser drückt er
den Kitt in die Fuge zwischen Rahmen und Scheibe.
Anschließend muss der Glaser den Kitt glatt streichen,
pudern und abpinseln.

Kräne

Die Menschen haben viele Werkzeuge und Maschinen erfunden, damit sie ihnen schwere Arbeiten erleichtern.
Für den Bau hoher Burgen, Kirchen und Häuser wurden eine große Menge schwerer Steine und Balken mit Schiffen und Wagen zur Baustelle gebracht.
Aber wie wurden die schweren Lasten hochgehoben?

Schon vor 2000 Jahren gab es Kräne.
Sie hoben die Lasten mit der Kraft von Menschen, Tieren oder der des Wassers.
Dieser abgebildete Kran ist fast 500 Jahre alt.
Mit ihrer Muskelkraft setzten Menschen den Tretkran in Bewegung. Auf diese Weise hoben sie die Fässer aus dem Boot an Land.

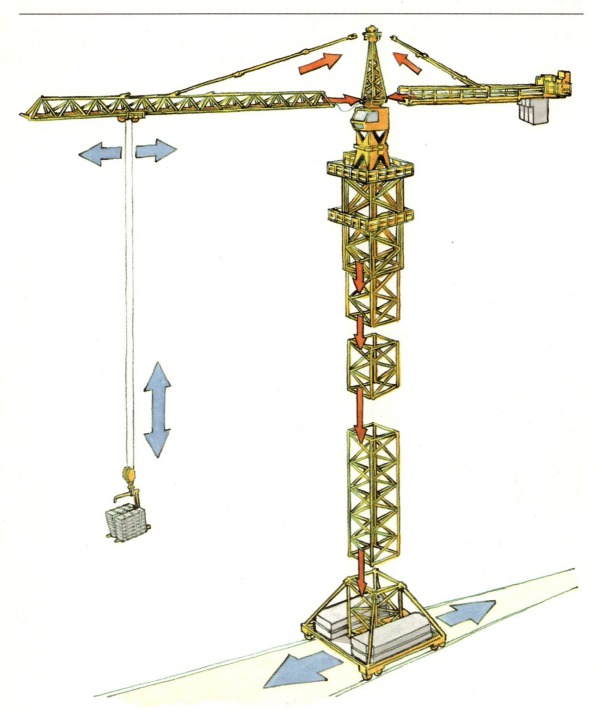

Moderne Baukräne können ihre Ladung
nicht nur nach oben und nach unten befördern.
Der Kran kann sich auch vor- und zurückbewegen.
Ein Gegengewicht sorgt dafür, dass der Kran
durch das Gewicht der Ladung nicht umkippt.

Einige Baukräne sind bis zu 300 Meter hoch.

Mit dem Fahrrad unterwegs

Ein Fahrrad besteht aus vielen verschiedenen Teilen.
Die zehn Teile, die in der Abbildung zu sehen sind,
muss dein Fahrrad unbedingt besitzen, weil sie
für deine Sicherheit wichtig sind.
Kinder, die älter sind als acht Jahre,
müssen auf dem Radweg oder auf der Fahrbahn fahren.
Um ihren Kopf bei einem Sturz zu schützen
tragen Radfahrer und Radfahrerinnen einen Schutzhelm.

Pflegen und reparieren

Damit dein Rad nicht nur am ersten Tag schön aussieht, musst du es regelmäßig pflegen.
- Reinige dein Fahrrad nach längeren Fahrten.
- Pflege deine Kette und die Klingel regelmäßig mit Öl.
- Stell dein Rad in einem trockenen Raum ab.

Wenn du mit deinem Rad im Dunkeln fährst, muss die Beleuchtung funktionieren.
Prüfe deshalb vor der Fahrt deinen Scheinwerfer und dein Rücklicht.
Daran kann es liegen, dass sie nicht leuchten:
- Der Dynamo berührt beim Fahren nicht den Reifen.
- Das Kabel ist unterbrochen.
- Eine Glühlampe ist beschädigt.

Beleuchtungsanlage

Sicher bremsen

neuer Bremsbelag

abgefahrener Bremsbelag

In gefährlichen Situationen musst du manchmal
plötzlich bremsen.
Gut funktionierende Bremsen sind deshalb wichtig.
Darauf musst du achten:
- Handbremse **und** Rücktrittbremse müssen funktionieren.
- Die Bremsbeläge dürfen nicht abgenutzt sein.
- Deine Reifen sollten ein gutes Profil haben.

Der Sicherheitsabstand zu einem vorausfahrenden Fahrrad beträgt drei Radlängen.

Beim hintereinander Fahren ist ein richtiger Abstand wichtig.
Von dem Augenblick an, in dem du eine Gefahr erkennst,
bis zu dem Moment, in dem du bremst,
vergeht eine kurze Zeitspanne.
Wenn du zu dicht auffährst, kann es schnell passieren,
dass ihr zusammenstoßt, wenn der Radfahrer vor dir
plötzlich bremsen muss.

Sehen und gesehen werden

Im Dunkeln ist es schwierig, jemanden sofort zu sehen.
Die beiden Fotos zeigen zwei unterschiedlich
ausgerüstete Fahrradfahrer aus der Sicht
eines Autofahrers.
Das Licht und die Reflektoren an deinem Fahrrad
helfen dem Autofahrer dich rechtzeitig zu sehen.
Helle Kleidung bietet einen zusätzlichen Schutz.

Fußgänger müssen sich auch im Dunkeln
durch helle Kleidung schützen.
Umhänger leuchten, wenn das Licht der Autos
auf sie fällt.
Leuchtstreifen an der Kleidung und an der Schultasche
sorgen dafür, dass du besser gesehen wirst.
Auch für Radfahrer sind Leuchtstreifen nützlich.

Inhaltsverzeichnis

Wohnort und Umgebung Seite 4–15	Sicher zur Schule	6
	Schulwegplan	7
	Pläne und Maßstäbe	8
	Unsere Schule als Modell	10
	Vom Modell zum Plan	11
	Vom Luftbild zur Karte	12
	Wie entsteht eine Karte?	13
	Die Himmelsrichtungen	14
Versorgung/Entsorgung Seite 16–31	Robinsons einsame Insel	17
	Wir werden versorgt	18
	Trinkwasserversorgung	20
	Müll vermeiden	22
	Müll entsorgen	23
	Einrichtungen in Städten und Gemeinden	24
	In einem Dorf	26
	In einer Stadt	27
	Wochenmarkt und Supermarkt	28
	Sandra schreibt einen Brief	30
Mensch und Natur Seite 32–45	Der Wald	34
	Leben im Wald	36
	Frösche und Kröten	38
	Krötenwanderung	39
	Leben am Bach – Leben im Bach	40
	Frühling	42
	Sommer	43
	Herbst	44
	Winter	45
Wasser Seite 46–57	Leben am und im Wasser	48
	Kübelteiche	50
	Wasser kann sich verwandeln	52
	Wasser hat viele Eigenschaften	53
	Die Zentralheizung	54
	Versuche mit Wasser	56
Das Wetter Seite 58–67	Der Kreislauf des Wassers	60
	Regen, Schnee, Hagel und Gewitter	62
	Wind	63
	Wie wird das Wetter?	64
	Einen Windmesser bauen	66
	Wir beobachten das Wetter	67

Körper und Gesundheit Seite 68–75	Woher unsere Nahrung kommt	70
	Der Lebensmittelkreis	71
	Richtig einkaufen [AKTIV]	72
	Medikamente	74
	Das ist nichts für dich	75
Geburt und Aufwachsen Seite 76–85	Mädchen und Jungen – Männer und Frauen	78
	Ein Kind entsteht	79
	Ein Mensch wächst heran	80
	Das Kind wird erwartet	82
	Die Geburt	83
	Was ein Kind braucht	84
Information und Unterhaltung Seite 86–97	Ein Fernsehfilm entsteht	88
	Film und Wirklichkeit	90
	Richtig fernsehen	91
	Werbung	92
	Lesen ist kinderleicht?	93
	Ein Buch herstellen [AKTIV]	94
	Eine Wandzeitung herstellen [AKTIV]	95
	Wir machen eine Schülerzeitung [AKTIV]	96
Früher und heute Seite 98–107	Julians Urururgroßmutter	99
	Wohnen	100
	Kleidung	102
	Essen und trinken	104
	Spielen	106
Menschen sind Erfinder Seite 108–115	Häuser aus Lehm und Ton	110
	Ein Tongefäß selbst herstellen [AKTIV]	111
	Glas	112
	Ein Material – mehrere Werkzeuge	113
	Kräne	114
Mit dem Fahrrad unterwegs Seite 116–119	Pflegen und reparieren	117
	Sicher bremsen	118
	Sehen und gesehen werden	119

Vergleich:	Lehrplan von Nordrhein-Westfalen
	Aufgabenschwerpunkte der Klassen 3 und 4
Wohnumgebung und Heimatort	– Lage- und Raumvorstellungen/Verkehrsablauf in der Wohnumgebung – öffentliche Einrichtungen/Besonderheiten des Heimatortes – Veränderungen im Heimatort/Gründe für die Veränderungen
Nordrhein-Westfalen Stadt und Land	– Großlandschaften und Städte räumlich einordnen – Unterschiede, Gemeinsamkeiten, Abhängigkeiten der Lebensräume – Bedeutung ländlicher Gebiete für Menschen und Tiere – industrielle Gütererzeugung/Lebens- und Arbeitsbedingungen
Natürliche und gestaltete Umwelt	– Abhängigkeit des Menschen, der Tiere und Pflanzen von Umweltbedingungen – Anpassung von Pflanzen und Tieren an den Lebensraum – Folgen von Umwelteingriffen/sich umweltbewusst verhalten
Geburt und Aufwachsen	– Zeugung, Schwangerschaft, Geburt im Zusammenhang menschlicher Beziehungen – Veränderungen von Körperbau und Verhalten im Verlauf der Kindheit – unterschiedliche Lebensumstände und Verhaltensweisen von Kindern
Körper und Gesundheit	– Bedingungen für Gesundheit und körperliches Wohlbefinden beachten – Gefahren für Gesundheit, Wachstum und Wohlbefinden erkennen – Freizeit sinnvoll nutzen – Verständnis für Leiden und Behinderungen entwickeln
Fahrrad und Straßenverkehr	– Fahrräder auf ihre Verkehrssicherheit hin überprüfen – einfache Wartungsarbeiten ausführen, Funktionsweisen feststellen – sich im Verkehr situationsgerecht und verantwortungsbewusst verhalten
Früher und heute	– Veränderungen der Lebens- und Arbeitsbedingungen und Wohnverhältnisse – Quellen über geschichtliche Abläufe nutzen – wichtige Ereignisse und Verläufe im Leben der Kinder datieren
Materialien und Geräte	– Materialien auf Verwendungsmöglichkeiten hin überprüfen – Zwecke und Wirkprinzipien einfacher Geräte erfassen – Lösungen für einfache technische Probleme finden – handwerkliches Geschick entwickeln (Funktionsmodell)
Versorgung und Entsorgung	– sich der Abhängigkeit geregelter Versorgung und Entsorgung bewusst werden – Ver- und Entsorgung als Aufgabe der Gesellschaft und jedes einzelnen – Güter und Dienstleistungen verantwortungsbewusst nutzen
Mediengebrauch und Medienwirkung	– Informationen durch Medien als vermittelte Aussagen über Wirklichkeit – Zwecke und Wirkungen medialer Aussagen auf Adressaten – mit Medien sinnvoll umgehen
Luft, Wasser und Wärme	– Bedeutung für das Leben von Menschen, Tieren und Pflanzen einschätzen – Vielfalt der Erscheinungsformen und Nutzungsmöglichkeiten – Gefahren erkennen, die von Luft, Wasser und Wärme ausgehen
Wetter und Jahreszeiten	– Faktoren, Erscheinungen und Beziehungen zwischen ihnen wahrnehmen – Auswirkungen des Wetters auf die Natur erkennen – sich witterungsgerecht verhalten

Mobile Sachunterricht

Band 3	Band 4
Wohnort und Umgebung, S. 4–15 Versorgung/Entsorgung, S. 16–31 Wohnort und Umgebung, S. 4–15	
Versorgung/Entsorgung, S. 4–15	Nordrhein-Westfalen, S. 4–87 Am Niederrhein, S. 26–35; Das Münsterland, S. 46–53 Das Ruhrgebiet, S. 36–45
Mensch und Natur, S. 32–45 Mensch und Natur, S. 32–45 Wasser, S. 46–57	Luft, S. 100–109
Geburt und Aufwachsen, S. 76–85 Früher und heute, S. 98–107	Mädchen und Jungen, Männer und Frauen, S. 126–133 Früher und heute, S. 112–121
Körper und Gesundheit, S. 68–75 Körper und Gesundheit, S. 68–75 Körper und Gesundheit, S. 68–75	Was wir können, S. 122–125
Mit dem Fahrrad unterwegs, S. 116–119 Mit dem Fahrrad unterwegs, S. 116–119	Sicher radfahren, S. 134–145
Früher und heute, S. 98–107 Früher und heute, S. 98–107 Früher und heute, S. 98–107	Früher und heute, S. 110–121 Früher und heute, S. 110–121
Menschen sind Erfinder, S. 108–115 Menschen sind Erfinder, S. 108–115 Menschen sind Erfinder, S. 108–115 Menschen sind Erfinder, S. 108–115	Materialien und Geräte, S. 88–93 Materialien und Geräte, S. 88–93 Materialien und Geräte, S. 88–93 Materialien und Geräte, S. 88–93
Versorgung/Entsorgung, S. 16–31 Versorgung/Entsorgung, S. 16–31; Wasser, S. 46–57 Versorgung/Entsorgung, S. 16–31; Wasser, S. 46–57	Niederrhein, S. 26–35; Bergisches Land, S. 66–79 Niederrhein, S. 26–35; Bergisches Land, S. 66–79
Information und Unterhaltung, S. 86–97 Information und Unterhaltung, S. 86–97 Information und Unterhaltung, S. 86–97	Von den Höhlenbildern zur Zeitung, S. 94–99 Von den Höhlenbildern zur Zeitung, S. 94–99 Von den Höhlenbildern zur Zeitung, S. 94–99
Wasser, S. 46–57 Wasser, S. 46–57 Das Wetter, S. 58–67	Luft, S. 100–109 Luft, S. 100–109 Luft, S. 100–109
Das Wetter, S. 58–67 Das Wetter, S. 58–67 Das Wetter, S. 58–67	

Illustrationen: Serge Weis, Luxemburg;
Marianne Golte-Bechtle, Stuttgart

Fotos: Klaus Günter Kohn, Braunschweig

Titelgestaltung: G. J. W. Vieth, Berlin; Eilert Focken

Bildnachweis

Archiv für Kunst und Geschichte, Berlin S. 86 o, 87, 101 (2x), 102 (2x), 103 o l, 109 u l (Lessing) – Artothek, Peissenberg S. 104 – Bibiliotheque Nationale, Paris S. 28 o – D. Blase, Steinfurt S. 12 o l (auch Rücktitel) – Bulls Pressedienst, Frankfurt S. 90 o, 93 o – Deutsche Luftbild GmbH, Hamburg, S. 12 u – Deutscher Kinderschutzbund e. V., Hannover S. 92 – Deutscher Wetterdienst, Offenbach S. 65 – A. Felbinger, Leinfelden S. 50 u r, 51 (2x) – Germanisches Nationalmuseum, Nürnberg S. 100 – H. Gliemann, Hamm S. 58 o – G. Hoppe, Braunschweig S. 39 u – IFA, Düsseldorf S. 12 o (Jochem), 20 (Kolhas), 24 o l (Janke), o r (Fred), M (Selma), 25 o (Glück) u l (Hasenkopf), 40 (Lecom, auch Titel), 52 (EBI; auch Rücktitel), 63 l (Digul; auch Titel) – INTER NEWS, München S. 90/91 (6x) – C. Julius, Nürnberg S. 98 (auch Titel) – P. Klaucke, Frechen S. 86 u – B. Krawutschke, Ahrensburg S. 11 o – Kunsthistorisches Museum Wien, Studio Milan S. 106 – H. Lade Bildagentur, Frankfurt S. 24 u l (Mychalzyk), u r (Radelt), 25 u r (Schuster), 41 (Kirchner) 62 (Fiedler) – Landesbildstelle Westfalen, Münster S. 13 (L. Kürten) – R. Meier, Zwingenberg S. 58 u – C. Moro, Stuttgart S. 30 u, 31 o – LENNART NILSSON/Ein Kind entsteht, Mosaik Verlag, München S. 80 (3x) – Norddt. Rundfunk, Hamburg S. 91 – L. Pape, Braunschweig S. 21, 22, 39 u l, 97 r, 117 o, 119 l – H. P. Schneekloth, Hamburg S. 107 o – Silvestris Fotoservice, Kastl S. 35 – Staatliche Landesbildstelle Hamburg, S. 105 o – Straßenverkehrsamt der Stadt Düsseldorf, S. 7 – M. Tornette, Braunschweig S. 50 u l, 107 u – Ullstein Bilderdienst, Berlin S. 28 u, 103 o – Westermann Archiv, Braunschweig S. 105 u – ZDF Bildredaktion, Mainz S. 64 – ZEFA, Düsseldorf S. 34 (Allstock), 59 (Photosource), 109 u r (Photosource), 110 o r (Meier)

Quellennachweis

S. 88/89 alle Fotos aus: Ronja Räubertochter – Das Buch zum Film von Tage Danielsson © Verlag Friedrich Oetinger, Hamburg 1985 – S. 102 Textauszug aus: Marie von Ebner-Eschenbach, *Das Gemeindekind*. Gesammelte Werke Bd. 1, Winkler Verlag, Darmstadt [5]1978

1. Auflage   Druck   6 5 4 3 2
Herstellungsjahr   2001 2000 1999 1998 1997
Alle Drucke dieser Auflage können im Unterricht
parallel verwendet werden.

© Westermann Schulbuchverlag GmbH, Braunschweig 1995

Verlagslektorat: Uschi Pein, Sylke Ditting
Herstellung und Lay-out: Annette Henko
Druck und Bindung: westermann druck GmbH, Braunschweig

ISBN 3-14-**11 0263**-5